Rukiye Cankiran

DAS GERAUBTE GLÜCK

Rukiye Cankiran

DAS GERAUBTE GLÜCK

Zwangsheiraten in unserer Gesellschaft

HERDER

FREIBURG · BASEL · WIEN

MIX
Papier aus verantwortungsvollen Quellen
FSC® C083411

www.herder.de

Umschlaggestaltung: Gestaltungssaal, Rosenheim
Umschlagmotiv: © AnnaPoguliaeva/iStock
Satz: Carsten Klein, Torgau
Herstellung: CPI books GmbH

Printed in Germany

ISBN Print 978-3-451-38266-6
ISBN E-Book 978-3-451-81566-9

INHALT

1. UNSERE VERANTWORTUNG

Warum wir nicht wegschauen dürfen

In den letzten Jahren waren die Themen »Zwangsverheiratungen« und »Kinderehen« in den deutschen Medien und in der gesellschaftlichen Diskussion hierzulande so präsent wie nie zuvor. Spätestens seit dem Mord an Hatun Sürücü im Februar 2005 in Berlin wird in der Mitte der Gesellschaft über den »Ehrenmord« diskutiert. Morsal Obeidi wurde 2008 in Hamburg von ihrem Bruder ermordet, weil sie ihr Leben nicht so gestalten wollte, wie es ihre Familie für sie vorgesehen hatte. 2015 sorgte der Fall der 35-jährigen Jesidin und Mutter von sechs Kindern Hanaa S. aus Nordrhein-Westfalen für Aufsehen. Ihr Tod wurde von ihrem Sohn (20), ihrem Exmann und ihrem Schwager geplant und durchgeführt, nachdem sie sich von ihrem Gatten getrennt und ein neues Leben begonnen hatte. 2016 wird die 19-jährige Jesidin Shilan Hassan aus dem Irak von ihrem Verlobten, der die Auflösung der Verlobung nicht akzeptieren wollte, auf einer Hochzeit in Niedersachsen erschossen. Diese spektakulären Fälle haben dafür gesorgt, dass in allen Schichten und Milieus der Bevölkerung in Deutschland über »Morde« dieser Art und damit über patriarchale Familienstrukturen, Zwangsverheiratungen und extreme Formen von Gewalt gegen Frauen diskutiert wird. Eine Studie des Bundeskriminalamtes von

2015 ergab, dass 131 Frauen von ihren Partnern getötet wurden, mehr als 100 000 waren von Gewalt betroffen. 2017 wurden 149 Frauen von ihrem Partner bzw. Expartner getötet, jeden Tag gibt es einen solchen Mordversuch. Gewalt gegen Frauen nimmt auch hierzulande zu. Sogenannte Ehrenmorde werden in keiner Statistik gesondert aufgeführt. Eine Studie des Bundeskriminalamtes von 2011 ergab, dass von 1996 bis 2005 jährlich zwölf Fälle von Mord im Namen der Ehre gerichtlich erfasst wurden.

Das Thema Zwangsverheiratung ist hierzulande nicht neu, im Gegenteil: Viele Frauen, die als Gastarbeiterinnen in den 1960er-Jahren etwa aus Südostanatolien nach Deutschland kamen, wurden in den Dörfern ihrer Heimat zwangsverheiratet oder fanden durch arrangierte Ehen einen Mann. In vielen Regionen der Türkei, aber auch weltweit sind solche Ehen bis heute Alltag. Mit dem Zuzug von Flüchtlingen nach Europa, deren Zahl 2015 ihren Höhepunkt erreichte, kamen ca. 800 000 bis eine Million Menschen nach Deutschland. Einen großen Teil von ihnen bilden junge Männer, aber auch Familien haben hier Asyl gefunden. Die Tatsache, dass viele junge geflüchtete Frauen minderjährig verheiratet sind und teilweise auch schon Kinder haben, hat mich sehr erschüttert. Rund 1500 verheiratete Schutzsuchende unter 18 Jahren, davon fast ein Drittel sogar unter 14 Jahren, waren Anlass für eine bundesweite Diskussion. 2017 hat der Bundestag das Mindestheiratsalter in Deutschland auf 18 Jahre gesetzt. Wenn auch in der Übergangsphase in den nächsten Jahren von bereits verheirateten Minderjährigen im Einzelfall entschieden und vorgegangen wird, können seit Juli 2017 keine neuen Ehen mehr mit Minderjährigen geschlossen werden. Auch religiöse und traditionelle Trauungen von Minderjährigen wurden verboten und werden mit hohen Bußgeldern geahndet.

All diese Themen – Zwangsverheiratung, Ehrenmord, Kinderehen – sind Phänomene, bei denen wir nicht wegschauen dürfen, auf die wir reagieren müssen. Eine Ehe ist sicherlich ein sehr intimes, individuelles Thema, bei einer Zwangsverheiratung geht es aber auch um Menschenrechte, um unser Grundrecht und um die Rolle der Frau in der Gesellschaft. Dieses Thema betrifft einerseits das Schicksal von Einzelpersonen, andererseits betrifft es die ganze Gesellschaft.

Ich bedaure sehr, dass in der öffentlichen Diskussion lediglich Extremfälle behandelt werden – zudem sehr emotional und mit der Tendenz zur Skandalisierung. Natürlich bin ich froh, dass einzelne mutige Frauen ihre Schicksale der Öffentlichkeit präsentieren. Doch diese äußerst persönlichen Lebensgeschichten sind zuweilen sehr einseitig geschrieben und bedienen nicht selten bereits vorhandene Klischees. Zu einer direkten Lösung der Probleme tragen sie kaum bei. Man kann nicht in das Leben von Familien eindringen, die fest in archaischen Traditionen verhaftet sind, deren Lebensformen aus einer aufgeklärten europäischen Perspektive bewerten und mit extremen, modernen Methoden bekämpfen. Pauschale Aussagen erhöhen nur die Distanz, und indem sich die Fronten verhärten, erschwert man das Lösen der Probleme. Vor allem den jungen Mädchen ist damit nicht geholfen, im Gegenteil: Wenn aufgeklärte, frei denkende und privilegiert lebende Menschen traditionelle, weniger gebildete Familien kritisieren, wenn sie ihren konservativen, die Mädchen benachteiligenden Lebensstil pauschal ablehnen, provoziert das eine prinzipielle Abwehr. Es ist lobenswert, dass es Menschen gibt, die an diesem Thema interessiert sind. Aber es reicht nicht aus, die »Opfer« zu bemitleiden, sich zu empören und die eigenen Vorurteile bestätigt zu sehen. Entscheidend ist es, dass auf allen Ebenen über unser demokratisches System aufgeklärt wird und dass Kenntnisse über rechtliche Grundlagen, insbesondere über die Gleichstellung und Gleichberechtigung von Frauen in die Köpfe aller Familienmitglieder dringen. Auf diese Aufklärung, auf eine klare Ablehnung von sozialer und struktureller Benachteiligung im Alltag von Frauen und das Recht auf freie Wahl der Lebensgestaltung sollte der Schwerpunkt gelegt werden. Ein gutes Beispiel für das Recht auf Bildung sind etwa die verpflichtenden Integrationskurse für alle Zugewanderten. Der Weg in ein freies Leben erfordert Unabhängigkeit, Bildung und gute Netzwerke, die das Individuum stärken.

Seit 2011 gibt es endlich einen eigenständigen Strafgesetzparagraphen, der »Zwangsverheiratung« unter Strafe stellt, wobei eine solche Verheiratung schon zuvor als »besonders schwerer Fall der Nötigung« bestraft worden ist. Umso trauriger, dass sowohl in den Medien als auch unter den meisten Bürgern die Meinung vorherrscht, das Phänomen der Zwangsverheiratung sei erst seit kurzem zu beobachten. Bereits in den 1980er-Jahren waren insbesondere »türkische Frauen« in der Literatur und Wissenschaft Thema. Es wurde über »Die verkauften Bräute« (Andrea Baumgartner-Karabak / Gisela Landesberger) berichtet, und der Film »40 Quadratmeter Deutschland« von Tevfik Başer zeigte in aller Deutlichkeit das Schicksal vieler importierter Bräute aus Anatolien. Doch diese Hinweise wurden geflissentlich übersehen, da die damalige »Ausländerpolitik« auf Rückkehrförderung baute. Mittlerweile sind die Probleme allerdings nicht zuletzt aufgrund der demographischen Entwicklung in die Mitte der Gesellschaft gerückt, und plötzlich gehen sie uns alle an. In den Reihen der Betroffenen und ihren Familien muss eine Bewusstseinsänderung stattfinden. Und es liegt an uns Bürgern, an jedem Einzelnen von uns, in unserer Familie, unserer Nachbarschaft, unserem Stadtteil für die Rechte der jungen Mädchen zu kämpfen. Denn wenn einem Mädchen die Freiheitsrechte verwehrt werden, dann ist das nicht allein Gewalt an den Töchtern, sondern auch ein Angriff auf unsere Demokratie und unsere hart erkämpften Freiheitsrechte.

Ich will in diesem Buch zeigen, welche Gründe es gibt, dass noch immer viele Familien ihre Kinder früh verheiraten, dass sie Ehen arrangieren und dazu bereit sind, mit größter Härte durchzugreifen. Wozu auch zählt, dass es einige Familien in Kauf nehmen, ihre Töchter zu töten, sollten sie nicht bereit sein, sich der von der Familie vorgeschriebenen Lebensweise anzupassen und sich mit der patriarchalen Ordnung zu arrangieren.

Ich möchte auch beleuchten, warum sich viele junge Menschen nicht gegen die ihnen aufgezwungene Lebensweise wehren, auch wenn sie mit der Entscheidung ihrer Eltern alles andere als glücklich sind. Als Projektmitarbeiterin und -koordinatorin, als Beraterin, Vertrauensdolmetscherin und freiberufliche Referentin habe ich im Rahmen von Seminaren und Vorträgen sowohl ehrenamtlich wie hauptberuflich dieses Thema behandelt, ich habe zahlreiche kontroverse Diskussionen geführt und viele junge Frauen beraten und begleitet. Und auch als Journalistin habe ich mich mit diesem Thema beschäftigt, wobei es mir jahrelange Recherchen und Interviews ermöglichten, viele Frauen und ihre Familiengeschichten kennenzulernen. Meine Rolle als Beraterin und Journalistin in einer Person war immer ein großer Vorteil. Und im Laufe der Zeit ist diese Angelegenheit zu meinem Herzthema geworden. Für Frauenrechte engagiere ich mich auch bei *Terre des Femmes*. Kontroverse Diskussionen und konstruktive Kritik finde ich großartig. Meine Erfahrungen, die ich auch durch meine persönliche Herkunft und Familiengeschichte gesammelt und durch Tätigkeiten in Migrantinnenvereinen angereichert habe, ermöglichen es mir, ehrlich, aufrichtig und Partei ergreifend für die Frauen und ihre Rechte zu kämpfen.

In diesem Buch möchte ich diese Erfahrungen und meine Sichtweise der Dinge wiedergeben. Ich möchte verschiedene Aspekte aus unterschiedlichen Perspektiven beleuchten und dazu beitragen, vor allem mit dem schwierigen Thema »Zwangsverheiratungen« sensibler umzugehen. Mit den Flüchtlingen, die seit 2015 vermehrt nach Europa kommen, haben die Themen Zwangsverheiratung und Kinderehe eine neue Dimension erreicht. Damit meine ich weniger, dass es mehr Fälle gibt, sondern dass diese Fälle weiter in unsere Nähe gerückt und somit sichtbarer geworden sind. In den letzten zwei Jahren habe ich mit geflüchteten Familien gearbeitet. Sie kamen aus Syrien, Afghanistan, dem Sudan, Iran und auch dem Irak. Die Problematik ist bei allen Betroffenen dieselbe. Ich glaube, dass Außenstehende es sich häufig sehr einfach machen, wenn sie Kritik üben, Missstände anprangern und Argumente nennen, die die betroffenen Frauen überhaupt nicht erreichen und für deren Leben keine Option darstellen. Wie so häufig spricht man über Menschen und ihr Leben, ohne dass man diese Menschen in die Diskussion mit einbezieht. Das Thema »Zwangsverheiratung in türkischen bzw. kurdischen Familien« gab es in Deutschland, seit diese Familien hier ihren Lebensmittelpunkt gegründet haben. Das Wichtigste ist meiner Meinung nach, sich die Strukturen der betroffenen Familien genau anzusehen, die Lebensumstände und Rollen der einzelnen beteiligten Mitglieder zu beleuchten. Nur so kann man nachvollziehen, warum bestimmte Entscheidungen getroffen werden. Erst wenn die Strukturen analysiert und durchschaut sind, besteht die Chance, effektive Änderungskonzepte zu entwickeln und umzusetzen, wie es z. B. mit dem Verbot der Ehe für Minderjährige im vergangenen Jahr geschehen ist.

In den folgenden Ausführungen möchte ich zunächst versuchen, die Begriffe »Zwangsverheiratung« und »arrangierte Ehe« voneinander abzugrenzen und die Grauzone zwischen diesen beiden Phänomenen zu beleuchten. Danach werde ich versuchen, die Perspektive der Eltern zu erläutern. Schon sehr oft wurde ich gefragt: »Wie können Eltern ihre Kinder oder Töchter in eine Ehe zwingen?« Und: »Warum wehren sich die Töchter nicht gegen diese Form der Gewalt durch die Eltern?« Bei meinem Versuch, Antworten zu finden, werde ich mich langsam an die Position der Eltern herantasten, da das ein sehr schwieriges Thema ist.

Lösungsansätze sollen nicht zu kurz kommen. Hierzu zitiere ich aus Studien und Handlungskonzepten, die ich allen Lesern ans Herz legen möchte. Natürlich beschäftigen sich bereits viele Fachleute wie SoziologInnen oder PsychologInnen mit diesem Thema, aber meines Erachtens muss sich auch die Gesellschaft, also jeder von uns als NachbarIn, FreundIn, ArbeitskollegIn damit auseinandersetzen, darüber diskutieren und vor allem viel Wissen weitergeben. Denn eines ist klar: Es wird sich nichts an den Problemen der jungen Frauen ändern, wenn nur Wissenschaftler ihr akademisches Wissen, ihre Forschungsergebnisse und Statistiken präsentieren und ein Fachpublikum diese Informationen analysiert und kommentiert. Alle gesellschaftlichen Schichten und Milieus müssen über die Zusammenhänge dieser Traditionen sachlich informiert werden, auch wenn möglicherweise diese Themen in ihrem Alltag nicht relevant sind. Es ist von großer Bedeutung, über gesellschaftliche Veränderungen zu diskutieren, da sie langfristig uns alle betreffen. Gesellschaftlicher Wandel bringt auch gesetzliche und strukturelle Veränderungen mit sich. Nur wenn wir über sachliches Wissen verfügen, können wir im Alltag klar sagen, warum wir bestimmte Traditionen ablehnen, die unseren Grundrechten widersprechen.

Beim Thema Zwangsverheiratung ist mangelnde Bildung ein zentrales Problem. Bildung bedeutet nicht nur schulische und berufliche Bildung, sondern umfasst auch das Wissen über unseren Alltag. Bildung und Information müssen in jeden denkbaren Raum Zugang finden, sie müssen also auch in die vier Wände sogenannter »bildungsferner« Familien eindringen. Nur in einer aufgeklärten und modernen Gesellschaft, die Frauen als gleichberechtigte Menschen akzeptiert und nicht in ihre traditionelle Rolle als Ehefrau und Mutter drängt, die Kindern das Recht auf ein selbstbestimmtes Leben zugesteht und es zulässt, dass sie ihr Leben individuell gestalten und ihren persönlichen Weg gehen, kann das Phänomen »Zwangsverheiratung« beseitigt werden.

Das ist kein leichter Weg, da es bei diesem Thema auch um Macht geht und wir wissen, dass Mächtige ungern ihre Macht abgeben oder Veränderungen zulassen, die ihre Privilegien und ihren gewohnten Lebensstil gefährden könnten. Ein mächtiges traditionelles männliches Familienoberhaupt wird seine Privilegien kaum aufgeben. Es wird es vielmehr genießen, über das Leben seiner Ehefrau und Töchter, aber auch über das seiner Söhne zu bestimmen. Seine Vorstellung von Familie und Gesellschaft wird es mit allen Mitteln verteidigen, um die Strukturen zu erhalten, die seine Macht sichern. Wenn etwa eine Tochter oder Ehegattin sich aus ihrer Ehe löst, wenn sie ein neues Leben beginnt und die Familie verlässt oder sich weigert, einen für sie vorgesehenen Mann zu heiraten, ist die gewohnte Ordnung in Gefahr, und es wird eine Reaktion des Familienoberhauptes geben. Umso wichtiger ist es, alle Ziele, Wünsche und Ängste, die mit dem Thema verknüpft sind, zu beleuchten. Denn mit einer einseitigen Herangehensweise werden wir das Problem der Zwangsverheiratung nicht lösen können. Jede einzelne Person ist aufgefordert, ihren Beitrag zu leisten. Gerade in einer Zeit,

BIO COMPANY
AMARANTH
GEPUFFT
Ballaststoffquelle
200 g ℮

in der wir weltweit eine Rückentwicklung erleben, was die Situation und Rechte der Frauen betrifft, müssen wir uns noch vehementer für unser höchstes und wertvollstes Gut, die Freiheit, einsetzen.

Ich selbst stamme aus einer Familie, die von Anatolien nach Deutschland zugewandert ist, um hier das Fundament für ein besseres Leben zu legen. Viele solcher Familien haben ihre Werte, Normen und das gewohnte traditionelle Frauenbild mit nach Deutschland gebracht. An etlichen Beispielen habe ich erfahren, wie schwer es ist, europäische Moderne mit anatolischer Tradition zu vereinbaren. Zu groß sind die Unterschiede und zu wenig wurde von Seiten der Politik dafür getan, damit die Menschen ihre engen Kreise verlassen, sich vermischen, voneinander lernen oder übereinander informiert werden. Da es in Deutschland lange keine wirkliche »Integrationspolitik« mit Willkommenscharakter oder einen normalen Umgang mit Migranten gegeben hat und viele der Zuwanderer mit niedriger Bildung nicht fähig und verantwortungsbewusst genug waren, die Dinge selber in die Hand zu nehmen, stehen wir heute vor etlichen Problemen, die in den Mittelpunkt unserer Wahrnehmung gerückt sind. Eines dieser Probleme sind die »Zwangsverheiratungen«.

Ich möchte niemanden verurteilen, ich möchte auch niemanden entschuldigen, ich will allein auf Tatsachen, Inhalte und Unterschiede hinweisen. An dieser Stelle nenne ich das Thema »Interkulturelle Kommunikation«: Menschen aus unterschiedlichen Kulturkreisen haben Kontakt zueinander, sie leben und arbeiten miteinander, begegnen sich im Alltag. Interkulturell sensible Kommunikation kann uns helfen, Probleme zu lösen oder zumindest große Konflikte zu entschärfen. Genau hier möchte ich ansetzen und einen Beitrag leisten. Es gibt nicht »das Gute« und »das Böse«, in der *Andersartigkeit* stecken die Probleme und Missverständnisse. Diese Andersartigkeit muss diskutiert werden, wir versuchen, uns auf gemeinsame Werte zu einigen. Wenn dies nicht gelingt, müssen wir unsere Gesetze und Errungenschaften verteidigen. Gesetze, die Demokratie und Gleichberechtigung garantieren, Errungenschaften, die Frauen Wege und Türen geöffnet haben. Viele Europäer tun jedoch so, als wäre es schon immer selbstverständlich, dass es emanzipierte Frauen gibt, die ein selbstbestimmtes Leben führen. Dies ist aber bei weitem nicht so. Man denke etwa an die Zeiten, in denen Frauen nicht studieren durften, oder den »Basta-Paragraphen«, mit dem ein Mann bis weit in die 1970er-Jahre seiner Gattin das Arbeiten verbieten konnte.

Aufgrund mangelnder Bildung, traditioneller Sozialisation und gesellschaftlicher Zwänge, aber auch aufgrund mangelnder Netzwerke haben viele Migranten und vor allem ihre Kinder es besonders schwer, Zugang zu vielen Bereichen zu bekommen, die für die Mehrheitsgesellschaft selbstverständlich sind, z. B. gute Ausbildung, politische Partizipation und kulturelle Angebote. Wir brauchen Wege, um diese Familien zu erreichen und ihnen deutlich zu zeigen, dass das Leben hier anders »funktioniert« als in einer Stammesgesellschaft in einem dörflichen Umfeld. Es reicht nicht, dass wir erst dann nach Menschenrechten und Gleichheit der Frauen rufen, wenn das Opfer nicht mehr am Leben ist. Wir müssen im Alltag zeigen, dass wir einen Lebenswandel, der Frauen Männern unterordnet, verachten und unter keinen Umständen dulden. Wir müssen dabei sachlich bleiben, denn wichtig ist eine Veränderung der Zustände, nicht eine Erfüllung unserer Wünsche. Ich möchte auch dann auf Missstände aufmerksam machen, wenn keine großen Massen von der Problematik betroffen sind; gerade dann, wenn es Möglichkeiten gibt, gesellschaftliche Entwicklungen mitzugestalten, aufzuklären und Verantwortung zu tragen, sodass bereits präventiv Maßnahmen gegen Zwangsverheiratungen und Kinderehen getroffen werden.

Als Kulturwissenschaftlerin sehe ich meine Aufgabe darin, auf gesellschaftliche Probleme hinzuweisen und sie zu beleuchten. Mein Schwerpunkt ist die Bildungs- und Aufklärungsarbeit oder, anders gesagt, der Dialog und Austausch. Aus meinen Erfahrungen weiß ich: Die Schicksale vieler junger Frauen könnten einen guten Lauf nehmen, wenn man sich die ganze Familie ansehen und dort an den Mängeln und Problemen arbeiten würde. Ich habe deshalb meine Kapitel nach den häufigsten Fragen aufgebaut, die mir bei Vorträgen gestellt wurden, und versuche, sie so eingehend wie möglich zu beantworten.

Da ich insbesondere mit türkischen und kurdischen Familien aus der Türkei gearbeitet habe und auch durch meine Herkunft und die sprachlich-kulturelle Nähe diese Bevölkerungsgruppe am besten kenne, beziehen sich viele meiner Beispiele auf diese Community.

Mein Buch erhebt weder Anspruch auf Vollständigkeit noch auf wissenschaftliche Genauigkeit. Vielmehr möchte ich mein Statement, das sich nach über zehnjähriger Arbeit speziell zu diesem Thema entwickelt hat, der Leserin und dem Leser präsentieren.

2. FALSCHE TOLERANZ

Warum wir extreme Entwicklungen ablehnen müssen

Die erste Generation der türkischen Einwanderer in Deutschland kommt langsam in die Jahre. Während einige dieser Generation noch immer zwischen der Türkei und Deutschland hin und her pendeln, verbringen andere ihren Lebensabend gänzlich in der alten Heimat. Sie sind in ihr Dorf zurückgekehrt, leben an einem schönen Ort am Meer oder in einer Großstadt. In jedem Fall versuchen sie, ein Zuhause zu finden. Viele dieser »Gastarbeiterinnen« (und teilweise auch ihrer Ehemänner), die in ihrem Heimatdorf bereits früh verheiratet wurden, waren als Analphabetinnen nach Deutschland gekommen. Doch weder ihre neuen Arbeitgeber noch ihre Nachbarn oder die deutschen Behörden haben sich jemals daran gestört, dass ihnen ein grundlegendes Menschenrecht, das Recht auf Bildung, verwehrt worden war. Ohnehin dachten alle, dass diese »Gastarbeiter« nach einigen Arbeitsjahren in ihre Heimat zurückkehren würden. Und auch dass diese Familien ihre Kinder früh mit Partnern aus der Heimat verheirateten, wurde toleriert. Eine dörfliche Denkweise, die darauf zielt, Sexualität zu kontrollieren und persönliche Freiheit der Kinder einzuschränken, wurde hingenommen, selbst wenn der Preis, den die Kinder häufig dafür zahlen mussten, der Abbruch von Schule oder Ausbildung war. Von dieser nächsten Generation wird hierzulande erwartet, dass sie sich mit der Mehrheitsbevölkerung vermischt und sich so weit integriert, dass sie ein Teil der Bevölkerung des Landes wird. Das ist trotz der widrigen Umstände zum großen Teil tatsächlich gelungen, denn inzwischen sind viele junge Türkeistämmige in der Politik aktiv, sie arbeiten in qualifizierten Jobs und tragen als Selbstständige zum wirtschaftlichen Erfolg Deutschlands bei. Gleichzeitig aber erwarten konservative Familien von ihren Kindern und Enkelkindern, dass sie die Traditionen der Großeltern weiterführen und sich auch mit der ursprünglichen Heimat ihrer Familien identifizieren. Das ist das Dilemma der Generation, die mit zwei Kulturen aufgewachsen ist. Inzwischen lebt die dritte und vierte Generation dieser ehemaligen Gastarbeiterfamilien hier, teilweise weiterhin jung verheiratet mit EhepartnerInnen aus der Heimat. Aber es gibt auch eine kleine Minderheit, vielleicht sind es drei bis fünf Prozent der Türkeistämmigen (also Kurden oder Türken), die immer wieder für Schlagzeilen in den Medien sorgt, sei es, weil ein »Ehrenmord« geschah, sei es, weil andere Formen unfassbarer, extremer Gewalt an Familienmitgliedern die Menschen schockieren.

Zu einer sachlichen Diskussion dieses Themas gehört es, zu benennen, dass Gewalt gegen Frauen alltäglich ist – weltweit. In allen Details berichten die Medien über sogenannte »Ehrenmorde«, »gewöhnliche« Beziehungstaten, wie sie in unserer Gesellschaft gang und gäbe sind, werden jedoch von vielen kaum beachtet. Dabei sind auch diese Taten Gewalt an Frauen, und auch hier sind der verletzte Stolz des Mannes und seine Wut bzw. Frustration der Auslöser für die Tat. Auch wenn kein Familienclan hinter solch einer Tat steht, ist doch der Grund meist eine von der Frau initiierte Trennungssituation. Auch hier spielt also der Kampf der Frauen um Befreiung, Selbstbestimmung und um die Entscheidung über das eigene Leben eine wichtige Rolle. Anders formuliert: Es gäbe wahrscheinlich insgesamt wesentlich mehr Morde, würden Frauen verschiedene Formen der Gewalt in ihrer Beziehung nicht ertragen. Viele Frauen sind finanziell oder emotional von ihren Partnern abhängig, sie finden einen Weg, ihre Beziehung weiter zu führen und tun dies häufig wegen der Kinder. Dies gilt weltweit für sehr viele Frauen. Es ist bedauerlich, dass Journalisten sogenannte Ehrenmorde bis ins Detail hinterfragen und darüber ausführlich berichten, dass sie aber all die anderen Morde und Gewalttaten an Frauen als Normalität in einer Gesellschaft abtun. Natürlich ist der durch einen Clan legitimierte und in einem Akt der Selbstjustiz in Auftrag gegebene Ehrenmord in keiner Hinsicht zu verharmlosen. Und dennoch gilt: Wir dürfen all diese Formen von Gewalt in unserer Gesellschaft nicht tolerieren.

Die Lebenssituationen türkischer MigrantInnen sind äußerst vielfältig. Man findet sie überall; sie sind mehrheitlich in der hiesigen Gesellschaft angekommen. Und das, obwohl viele von ihnen aufgrund ihrer Herkunft und der Migrationsgeschichte ihrer Eltern schlechte Startbedingungen in Schule und Beruf hatten. Etliche wurden aufgrund ihrer Religion, ihres Aussehens, ihrer Sprache oder Herkunft diskriminiert, immer wieder hatten sie mit Vorurteilen zu kämpfen, und mancherorts ist das bis heute so. Ein großer Teil der gläubigen Türkeistämmigen bejaht die Vereinbarkeit von Islam und Europa, und zwar in Form eines liberalen Islam, den viele hierzulande frei ausleben können. Massive Probleme haben die Menschen, und zwar auch die Türkeistämmigen selbst, mit den strenggläubigen, rückständigen und politischen Islamisten, die westliche Werte und demokratische Strukturen ablehnen und entsprechend ihre Familien gegenüber allem öffentlichen Leben abschotten.

Damit gemäßigte und moderate junge Muslime nicht aus Frustration oder Perspektivlosigkeit zu den Extremisten abdriften, ist es besonders wichtig, dass sie Zukunftschancen bekommen. Dazu gehören Bildung und Ausbildung, die Integration auf dem Arbeits- und Wohnungsmarkt, die Anerkennung der Vielfalt, eine Kultur, die fördert und fordert, kurz gesagt: Normalität. Das kann nur auf Augenhöhe gelingen, die Menschen müssen ernst genommen werden. Gleichzeitig müssen wir klar kommunizieren, welches Verhalten und Denken die hiesige Gesellschaft nicht duldet, weil es gegen demokratische und freiheitliche Grundsätze verstößt. Nur so können Menschen auch zeigen, dass sie Verantwortung für eine gemeinsame friedliche Zukunft übernehmen wollen. Eine Kultur des Schweigens toleriert Extremismus.

Es muss klar definiert werden, wo die Grenzen der Toleranz liegen. Ein anschauliches Beispiel hierfür sind die Kopftücher und Schleier, die viele praktizierende Musliminnen tragen. Ein legeres, dunkles oder buntes Kopftuch, ein Schleier oder ein konservatives Gewand werden ohne große Probleme in weiten Teilen Europas akzeptiert. Aber ein Niqab (bedeckt den ganzen Körper und die untere Gesichtshälfte, wird insbesondere auf der Arabischen Halbinsel getragen) oder eine Burka (bedeckt den Körper und zusätzlich das Gesicht mit einem undurchsichtigen Gitter, wird in Afghanistan getragen), die den Frauen das Gesicht nehmen und die sie tragen sollen, um sich so zu schützen, sind für Europa nicht akzeptabel. Selbst in Iran, wo das Leben den Regeln der Scharia gehorcht, wird kein Gesichtsschleier getragen, was schon sehr viel aussagt, da in vielen anderen Bereichen Freiheiten und Rechte, insbesondere der Frauen, eingeschränkt werden. Zurzeit kämpfen Frauen in Iran um die Abschaffung des Kopftuchzwanges, wobei sie häufig ihr Leben riskieren.

Die Ablehnung des Extremen muss deutlich artikuliert werden, auch wenn es im ersten Moment wie eine Diskriminierung klingt und viele Muslime meinen, sie würden in ihrer Religionsausübung eingeschränkt. Gemeinsam in Frieden zu leben bedeutet, dass beide Seiten aufeinander zugehen und Kompromisse eingehen müssen. Im Streitfall müssen gemeinsame Werte ausgehandelt werden. Gesellschaften unterliegen einem Wandel, der sich nicht aufhalten lässt. Daher ist es umso wichtiger, dass alle Beteiligten diesen Wandel gemeinsam gestalten. Wenn verschiedene Weltanschauungen und Wertesysteme aufeinanderprallen, bleiben Konflikte nicht aus. Und diese Konflikte zu bewältigen, ist eine zentrale Herausforderung in gemischten Gesellschaften. Eine gemeinsame Basis von Recht und Ordnung, aber auch klar definierte Freiheiten müssen für alle gelten. Bezogen auf mein Thema ist der Punkt der Gleichberechtigung von Frauen von großer Bedeutung. Ihnen soll genauso wie Männern die Möglichkeit gegeben werden, ein freies und selbstbestimmtes Leben zu führen.

Immer häufiger vermitteln uns die Medien die Existenz einer »islamischen Parallelgesellschaft«, die sich hermetisch abschottet. Die Familienmitglieder, so heißt es, schirmten ihren kleinen gesellschaftlichen Kreis ab. Insbesondere die Frauen sprächen kaum Deutsch, hätten keinen Kontakt zu Deutschen und lebten wie Sklavinnen. Die Freiheiten, die europäische Frauen nach langen Kämpfen für sich errungen haben und die inzwischen in Wirtschaft, Politik und Gesellschaft selbstverständlich sind, gälten kaum für muslimische Frauen, die in strenggläubigen und traditionellen Familien leben. Und tatsächlich, solche Strukturen gibt es leider, aber sie bestimmen nicht die Mehrheit der hier lebenden Muslime. Dies zu betonen finde ich wichtig, damit wir die modernen MigrantInnen als MitstreiterInnen für den Kampf um ein demokratisches, freies und unabhängiges Leben gewinnen. Denn insbesondere moderate Muslime werden weltweit und auch hierzulande von Islamisten immer wieder angegriffen und zurechtgewiesen. Ein aktuelles Beispiel ist die Anwältin und Menschenrechtlerin Seyran Ateş, die anlässlich der Gründung ihrer liberalen Moschee in Berlin fast täglich Morddrohungen erhält, von den Beleidigungen ganz zu schweigen.

Es dringt nur das äußerliche, oberflächliche Bild einer solchen strenggläubigen und traditionellen Familie in die Öffentlichkeit, die eigentlichen Probleme und Schwierigkeiten liegen auf einer viel tieferen Ebene. Zunächst ist hervorzuheben, dass nicht nur die Frauen in den Zwängen ihrer Gesellschaft gefangen sind, sondern auch die Männer. Dies fällt bei ihnen nicht so sehr auf, da die Männer die Familie nach außen vertreten und somit mehr Freiheiten genießen als die Frauen. Doch gegen die Übermacht der Familientraditionen, die gesellschaftlichen Zwänge und die ungeschriebenen Gesetze können auch sie sich nicht wehren. So wird für den Sohn auch dann eine Braut aus der Heimat ausgesucht, wenn er in Deutschland eine andere Frau liebt und vielleicht sogar schon ein uneheliches Kind mit ihr hat. In diesem Fall muss sich der Mann dem Willen der Familie beugen und die ausgewählte Braut aus der fernen Heimat heiraten. Die Macht der Familie und der hierarchischen Strukturen ist so groß, dass es einer einzelnen Person unmöglich ist, sich erfolgreich dagegen aufzulehnen. Eine Veränderung bedarf eines langen Prozesses mit vielen Beteiligten und ebenso vielen Unterstützern. Die Umwälzung von jahrhundertealten Traditionen kann nicht von einem Tag auf den anderen geschehen. Die Betroffenen leben in einer Umbruchphase. Und ein Wesensmerkmal von Umbrüchen ist es, dass es Konflikte zwischen unterschiedlichen Interessen gibt. Entweder geschieht die Veränderung gewaltsam in Form einer »Revolution«, oder sie ist das Ergebnis einer langsamen, kontinuierlichen Entwicklung mit vielen Verhandlungen. Anstrengend ist eine solche Veränderung in jedem Fall. Deshalb ist es besonders wichtig, darauf hinzuweisen, dass es in Deutschland bereits viele Kämpfe für die Rechte des Einzelnen gegeben hat und niemand es dulden wird, wenn sie irgendwelchen Bürgerinnen verwehrt werden, unabhängig davon, woher sie oder ihre Familien stammen.

Zwangsverheiratung ist ein unangenehmes Thema. Viele Repräsentanten der Politik haben Angst davor, Migranten zu kritisieren, weil sie den Vorwurf der »Ausländerfeindlichkeit« fürchten. Wenn aber Themen sachlich diskutiert und Missstände der Sache wegen angeprangert werden, etwa dass Menschenrechte und Freiheitsrechte für junge, muslimische Mädchen oft nicht gelten, muss die Politik standhaft bleiben und es wagen, unangenehme Aussagen zu treffen. Hier müssen Fakten genannt werden. Zu solchen Aussagen gehört es auch zu betonen, dass die Demokratie unantastbar ist und Menschenrechte und Freiheitsrechte über der Religion des Individuums stehen. Diese Rechte sind nicht verhandelbar. Hier dürfen keine Zugeständnisse »um des lieben Friedens willen« gemacht werden. Diversität bzw. Vielfalt bedeutet nicht nur sprachliche und kulturelle Bereicherung, sondern auch, dass vielfältige Konflikte und Widersprüche ausgehalten werden müssen. Die Mehrheitsgesellschaft muss Wege finden, die Demokratie zu verteidigen, sie muss deren Gegner klar zurückweisen. Dazu müssen viele Menschen mit ins Boot geholt werden, nicht zuletzt moderate, aufgeschlossene MigrantInnen, die ihre Religion als Privatsache sehen und die auf die Werte einer Demokratie und einer pluralistischen Gesellschaft nicht verzichten wollen. Religiöse Werte dürfen Frauen nicht benachteiligen bzw. ihre Freiheit nicht einschränken. Intolerante Denkweisen, die die Errungenschaften der Moderne für Frauen nicht zulassen, dürfen wir nicht tolerieren. Patriarchale Strukturen kennen wir in Europa aus früheren Jahrhunderten, sie prägten die Gesellschaften teilweise bis weit ins 20. Jahrhundert hinein. Viele Ungerechtigkeiten und Ungleichheiten, die in der männlich dominierten Gesellschaft bestanden, wurden überwunden, abgeschafft und in Gesetzen festgeschrieben. Kämpfe um gleiche Löhne zum Bespiel dauern sogar noch bis in die Gegenwart an.

Seit 2015 leben etwa 800 000 geflüchtete Menschen, die hauptsächlich aus Syrien, dem Irak, Afghanistan, Somalia und Eritrea gekommen sind, in unserem Land. Einige von ihnen befinden sich bereits seit Jahren auf der Flucht. Sie kommen aus Ländern, in denen patriarchale Strukturen, totalitäre Regierungen, Geschlechtertrennung, Armut, Perspektivlosigkeit, Gewalt und Krieg den Alltag bestimmen. Einerseits bedeuten junge Menschen für eine Gesellschaft die Zukunft, andererseits stellen diese jungen Menschen auch eine Herausforderung dar. Wir sind stolz auf unsere Kinder, müssen aber zusehen, dass sie Bildung und Ausbildung bekommen, eine gesunde, starke und soziale Persönlichkeit entwickeln, um im Leben anzukommen und ihren Platz in der Gesellschaft zu finden. Dasselbe gilt für die vielen jungen Männer, die alleine aus Kriegsgebieten geflüchtet sind und nun hier ein Zuhause finden wollen. Es kann nur ein friedliches Miteinander geben, wenn jeder Einzelne sich in die Gesellschaft integriert und so zu einem Teil des Ganzen wird. In dem Moment, wo ein Mensch nichts mehr zu verlieren hat, ist er unberechenbar und insbesondere für Extremismus in jegliche Richtung empfänglich.

Die Gastarbeiter kamen auch aus Armut und Perspektivlosigkeit in unser Land, sie hatten häufig wenig Bildung und blieben auch über Generationen in ihren Communitys verhaftet. Aus den Fehlern und Versäumnissen bei der Integration dieser Menschen konnten wir lernen und Erfahrungen sammeln. Und somit haben wir die Chance, diese Erfahrungen bei den Geflüchteten und anderen Zuwanderern zu nutzen und deren Integration besser zu regeln. Auch haben wir viele qualifizierte mehrsprachige Fachleute, die mit ihrer Expertise in vielen Zusammenhängen eine große Hilfe bei der Umsetzung von Integration darstellen. Wir brauchen unbedingt eine Klarheit in unseren politischen Aussagen, auch zu Frauenthemen. Das Frauen- und Menschenbild einer Gesellschaft ist eine Haltung, nicht nur ein kultureller Unterschied. Eine Denkstruktur, die Frauen in bestimmte für sie vorgesehene Rollen steckt, sie nur dann als anständig betrachtet, wenn sie verhüllt sind, oder die bereits ihren kindlichen Körper sexualisiert, ist nicht zu tolerieren. Dabei spielt es keine Rolle, ob diese Denkstruktur aus islamistischen, konservativen oder rechtsextremen Kreisen kommt. Wir dürfen sie nicht tolerieren.

3. ZWANGSVERHEIRATUNG – ZWANGSHEIRAT – ARRANGIERTE EHE

Versuch einer Definition

Eine allgemeingültige und verbindliche Definition der Begriffe »Zwangsheirat« oder »Zwangsverheiratung« gibt es nicht. Manchmal wird auch von »Zwangsehe« gesprochen. Bei all diesen Begriffen ist zu beachten, dass der »Zwang«, der in ihnen steckt, je nach kulturellem Kontext unterschiedlich interpretiert wird. Das erschwert die Diskussion. Und daher ist gegenwärtig nur eine Annäherung an die Begriffe möglich. Ich verwende in meiner Arbeit den Begriff Zwangsverheiratung, da hier die Betonung auf der Passivität der Betroffenen, nämlich des Verheiratetwerdens liegt.

Von einer Zwangsverheiratung spricht man, wenn die Braut oder der Bräutigam oder auch beide durch »Androhung der Anwendung von physischer oder psychischer Gewalt zur Heirat gezwungen werden« (Ergebnisse einer Befragung zu dem Thema Zwangsheirat in Hamburg, Lawaetz-Stiftung, 2006). Dazu gehören Nötigung, emotionale Erpressung, aber auch List und Betrug. Von einer »arrangierten Ehe« spricht man hingegen, wenn das Kennenlernen und die Heirat von den Eltern, Verwandten oder Bekannten initiiert werden und beide Eheleute ihr Einverständnis dazu geben.

Nach den ungeschriebenen und unterschiedlich interpretierten Regeln der arrangierten Ehe dürfen weder Frau noch Mann zur Ehe gezwungen werden. Darüber sind sich alle Familien einig, und darin unterscheidet sich die arrangierte Ehe auch von der Zwangsverheiratung. Die arrangierte Ehe kann manchmal sogar als positiv angesehen werden, wenn es etwa keine Möglichkeiten des Kennenlernens gibt, weil Frauen und Männer im Alltag getrennt sind und sich nur innerhalb der Familie begegnen, wie es in streng islamisch lebenden Familien oder Ländern der Fall ist. »Arrangierte Heiraten liegen dann vor, wenn die Heirat zwar von Verwandten, Bekannten oder von EhevermittlerInnen initiiert, aber im vollen Einverständnis der Eheleute geschlossen wird«, lautet die Definition der Frauenrechtsorganisation *Terre des Femmes*.

Zwangsverheiratung ist eine Form von Gewalt, eine grobe Menschenrechtsverletzung, und sie ist in einer modernen Gesellschaft, zu deren Grundsätzen die Gleichstellung von Frauen und Männern zählt, nicht tolerierbar. So klar diese Feststellung erscheint, so diffus kann es werden, wenn konkrete Fälle ins Spiel kommen. Denn wenn es um die aktive Bekämpfung der Institution »Zwangsverheiratung« geht, wird es schwierig: Es gibt eine Grauzone zwischen »arrangierter Ehe« und »Zwangsverheiratung«.

Wo endet die Freiwilligkeit der Beteiligten und wo beginnt der Zwang durch das Umfeld? Die Grenzen sind manchmal schwer auszumachen. In Ländern, in denen die Gehorsamspflicht der Frau gegenüber ihrem Mann gesetzlich verankert ist, unterliegen selbstverständlich auch die Töchter dieser Gehorsamspflicht. In patriarchalisch strukturierten und traditionell orientierten Gesellschaften ist die Ehe die einzig denkbare Lebensform für eine Frau. Solche Gesellschaften haben vordefinierte Rollen für Frauen und Männer, in die diese hineinwachsen. Kommt es zu Konflikten, müssen Lösungen gefunden werden, die im Rahmen der Möglichkeiten der vorgeschriebenen Rollenverteilung liegen.

Nun sind allerdings die Möglichkeiten, Umstände und das Umfeld in Deutschland ganz andere als jene, die die autoritären Familien aus ihrer ursprünglichen Heimat kennen. Das bedeutet aber nicht, dass diese Umstände und Möglichkeiten auch genutzt oder angenommen werden. Insbesondere Familien aus Ländern, in denen das islamische Recht Anwendung findet, werden, wenn sie in Deutschland auf ein Rechtssystem treffen, das Zwangsverheiratung, Nötigung, Freiheitsberaubung oder Vergewaltigung als einen Straftatbestand behandelt, dieses System nicht akzeptieren, da es sich bei Fragen der Ehe aus ihrer Sicht um private Angelegenheiten handelt, die alle Beteiligten intern regeln. Ein anderes Beispiel ist die gesetzlich verankerte Volljährigkeit der Kinder, die es jungen Erwachsenen ermöglichen soll, selbstbestimmt das eigene Leben planen zu können. Eltern, die aus Lebens- oder Rechtsverhältnissen kommen, in denen Familien uneingeschränkt über das Leben ihrer Kinder bestimmen oder in denen Männer als Familienoberhäupter das Leben ihrer Frauen und Kinder diktieren, tun sich schwer damit, deutsche oder europäische Gesetze einzuhalten. Denn auch hier geht es aus Sicht der Betroffenen um private Angelegenheiten. Die staatliche Gewalt hat sich nach ihrer Ansicht hier nicht einzumischen.

Und tatsächlich ist das Thema »Ehe und Familie« einerseits eine private Angelegenheit. Andererseits aber gibt es Menschenrechte und Gesetze, die für alle gelten. Sie bilden die Grundnormen für ein Zusammenleben in der modernen Gesellschaft. Individuelle und soziale Grundfreiheiten stehen für alle gleichermaßen unter einem besonderen Rechtsschutz. Das gilt auch für

Menschen, die aus ihrer Heimat andere Rechtsysteme kennen, nun aber hier leben.

Medien sprechen von 30 000 Fällen von Zwangsheirat jährlich in Deutschland, *Terre des Femmes* schätzt die Zahl auf mehr als 1000 Mädchen, die pro Jahr von ihren Familien gegen ihren Willen verheiratet werden. Und nach einer Studie des Familienministeriums werden jedes Jahr mehr als 3000 junge Frauen zwangsverheiratet. Hinzu kommen die vielen arrangierten Ehen. Viele der Zahlen beziehen sich auf Rückmeldungen von Beratungseinrichtungen bzw. Behörden, in denen Betroffene bzw. Angehörige Hilfe suchen.

Terre des Femmes unterscheidet zwischen Zwangsverheiratung und Zwangsehe: »Zwangsverheiratungen liegen dann vor, wenn mindestens einer der Eheleute durch die Ausübung von Gewalt oder durch Drohungen zum Eingehen einer formellen oder informellen (also durch eine religiöse oder soziale Zeremonie geschlossenen) Ehe gezwungen wird. Eine mögliche Weigerung einer der Eheleute hat entweder kein Gehör gefunden oder der/die Betroffene hat es nicht gewagt, sich zu widersetzen. Auch die Bedrohung der Betroffenen mit existentiellen finanziellen oder ausländerrechtlichen Konsequenzen kann zu einer Zwangsverheiratung führen. Eine Zwangsehe liegt dann vor, wenn sich Personen aufgrund von Sanktionen aus ihrem Umfeld, insbesondere der Familie, dazu gezwungen sehen, eine bereits geschlossene Ehe gegen den eigenen Willen aufrechtzuerhalten. Personen, die sich nicht trennen dürfen, leben in einer Zwangsehe, auch dann, wenn die Ehe ursprünglich freiwillig geschlossen wurde.«

So sehr ich auch darum bemüht bin, eine Abgrenzung zwischen »Zwangsverheiratung« und »arrangierter Ehe« zu finden, gelten für mich alle Ehen, die unter sehr jungen Partnern geschlossen werden, als Zwangsverheiratungen. Zwar ist eine theoretische Unterscheidung möglich, die Praxis zeigt aber, dass junge Frauen, die unter Zwängen und Verboten aufwachsen, in ihrer Naivität die einzige Chance auf »Freiheit« häufig in einer Ehe sehen, da sie glauben, hier einen eigenen Haushalt und eine eigene Familie gewinnen zu können. Dabei vergessen sie, dass sich insbesondere in traditionellen und streng patriarchalen Familien der Ehemann als Familienoberhaupt fühlt und bei wichtigen Entscheidungen das letzte Wort beansprucht. Ein anderer Grund für den bestehenden Zwang zu einer Ehe liegt darin, dass in der Ehe die einzige Möglichkeit erblickt wird, die eigene Sexualität zu leben. Wollen junge Menschen zusammen sein, müssen sie heiraten. Meist sind die verliebten Paare noch sehr jung, und es ist nicht auszuschließen, dass sie nach einer kurzen Zeit des Miteinanders feststellen, dass sie gar nicht zueinander passen. Die Möglichkeit, verschiedene Partner näher kennenzulernen, ist jungen Frauen aus streng konservativen Familien verwehrt. Somit entscheiden sie sich gezwungenermaßen freiwillig für eine frühe Heirat. Dieser widersprüchliche Satz beschreibt auch das Befinden der Mädchen. In diesen traditionellen und aus feudalen Strukturen stammenden Familien wird von einer Braut auch Jungfräulichkeit erwartet. Somit kann eine junge Frau gar keine sexuellen Erfahrungen vor der Ehe machen. Sobald sie größeres Interesse an einem Mann hat, muss sie ihn heiraten.

In solchen Systemen gibt es auch gewisse Schlupflöcher. So finden betroffene Frauen auch Wege und Möglichkeiten, sich bei Gynäkologen künstliche Jungfernhäutchen nähen zu lassen. Dies mag für in Großstädten lebende Frauen eine individuelle, kurzfristige Lösung sein, ändert aber nichts an den Traditionen und Erwartungen der Familie und ist insofern eine schlechte Alternative. Hinzu kommt, dass die jungen Frauen dann mit einer belastenden Lüge als Basis für ihre Ehe leben müssen und immer wissen, dass der von der Familie ausgesuchte Ehemann sie als Nicht-Jungfrau nicht als Ehefrau akzeptiert hätte. Eine andere Variante besteht darin, dass die Familie bereits einen Ehemann für die Tochter vor Augen hat, und die junge Frau muss auf diesen Vorschlag reagieren. Theoretisch kann sie ablehnen, aber wie oft kann sie das tun? All das sind Zwänge und widrige Umstände, die junge Frauen aushalten bzw. mit deren Folgen sie leben müssen.

Diese widersprüchliche und komplizierte Denkstruktur zeigt, wie vielschichtig das Problem einer Zwangsverheiratung bzw. einer arrangierten Ehe ist. Für Familien aus Ländern, in denen Sexualität ein absolutes Tabuthema ist, in denen Männer und Frauen klar definierte Rollen haben und die Familie das wichtigste Element des gesellschaftlichen Zusammenlebens ist, ist es eine große Herausforderung, in einer modernen Großstadt in Deutschland oder Europa zurechtzukommen. Sie genießen die Freiheiten und Vorzüge einer freien, sozialen und offenen Gesellschaft, tun sich aber schwer, auch die gesellschaftlichen Errungenschaften dieser freien und modernen Gesellschaft für ihre eigenen Familien und insbesondere für ihre Frauen und Töchter zu akzeptieren.

Kontakte zu Verwandten bestimmen auch für viele Türkeistämmige in Deutschland den Alltag maßgeblich. Und so ist es völlig normal, dass junge Menschen einander in diesem Rahmen begegnen, sich ineinander verlieben oder dass Ehen arrangiert bzw. die Weichen dafür gestellt werden. In der Fremde geben Landsleute einander das Gefühl von Sicherheit und Geborgenheit. Doch wo endet das arrangierte Kennenlernen von jungen Menschen, und wo beginnt der Zwang in eine Ehe innerhalb der Familie oder eigenen Community? Kinder werden von ihren Eltern und ihrem Umfeld erzogen. Familie bedeutet Sicherheit,

Schutz und Liebe, aber auch Kontrolle und Maßregelung. Wenn also ein junges Mädchen weiß, dass sie keinen unehelichen Kontakt zu Männern haben darf und der Weg zu einer Liebe nur über eine Ehe möglich ist, können wir dann schon von Zwang und Nötigung reden? Oder handelt es sich noch um eine Form der elterlichen Fürsorge? Kann man einem jungen Mädchen schon zutrauen, dass es den nötigen Überblick hat, oder wird das Mädchen auf die vorgegaukelte Ehe-Idylle und das Eheglück hereinfallen? Kann ein junges Mädchen schon Verantwortung für die eigene Zukunft tragen, wenn es noch keine Berufsausbildung hat, noch nicht im Leben steht und von der Familie abhängig ist? Das alles sind Fragen, die man nicht in einem Satz beantworten kann, und vor allem, selbst wenn es gelingt, in der Theorie plausible und vernünftige Antworten zu finden, gibt es keine Garantie, dass es in der Praxis genauso verlaufen wird.

4. GERAUBTE MENSCHENWÜRDE

Die rechtlichen Grundlagen

In großen Teilen der Welt ist die Zwangsverheiratung gesetzlich verboten. Auch gibt es in allen Ländern der Erde Gesetze, die das Mindestheiratsalter der Braut bestimmen. Es variiert von neun bis achtzehn Jahre. Hinzu kommt, dass Gesetze in vielen entlegenen, armen und traditionellen Dörfern (z. B. in Afghanistan, im Irak oder in der Osttürkei) gar keine Anwendung finden. Teilweise werden Kinder noch vor ihrer Geburt der zukünftigen Schwiegerfamilie versprochen. Zwangsverheiratung verstößt gegen die Menschenrechte, die jedes Neugeborene mit der Geburt erwirbt. Hierzu gehört vor allem das Recht auf ein unversehrtes Leben in Freiheit und Würde. Ich möchte die wichtigsten Artikel und Paragrafen im Zusammenhang mit Zwangsverheiratung nennen:

In der Allgemeinen Erklärung der Menschenrechte der Vereinten Nationen (1948) heißt es in dem Artikel 16 – Ehefreiheit und Schutz der Familie:

1. Heiratsfähige Frauen und Männer haben ohne Beschränkung durch Rasse, Staatsbürgerschaft oder Religion das Recht, eine Ehe zu schließen und eine Familie zu gründen. Sie haben bei der Eheschließung, während der Ehe und bei deren Auflösung gleiche Rechte.

2. Die Ehe darf nur auf Grund der freien und vollen Willenseinigung der zukünftigen Ehegatten geschlossen werden.
3. Die Familie ist die natürliche und grundlegende Einheit der Gesellschaft und hat Anspruch auf Schutz durch Gesellschaft und Staat.

Dieser Artikel schützt das Recht von heiratsfähigen Frauen und Männern (die ein gesetzlich festgelegtes Mindestalter erreicht haben), eine Ehe zu schließen, eine Familie zu gründen und Kinder zu haben. Allerdings dürfen die Mitgliedsstaaten der Vereinten Nationen bestimmte individuelle Schranken aufstellen, wie etwa das Verbot der Heirat zwischen nahen Blutsverwandten, das Verbot von mehrfachen Ehen oder das Eheverbot für Personen, die nicht im Besitz genügender geistiger Möglichkeiten sind. Weiter verlangt die Allgemeine Erklärung der Menschenrechte die gesetzliche Gleichbehandlung der Ehegatten. Alle Staaten sind daher verpflichtet, durch entsprechende Maßnahmen dafür zu sorgen, dass bestehende Ungleichheiten allmählich abgeschafft werden. Auch bei der Auflösung der Ehe haben die Staaten dafür zu sorgen, dass nicht ein Geschlecht (in aller Regel die Frauen) diskriminiert wird. Das Verbot der Eheschließung ohne freies und volles Einverständnis beider Ehegatten schließt jeden Zwang zur Heirat aus, sei es durch den Staat, sei es durch die Eltern oder die Familie. Das Verbot soll insbesondere junge Mädchen davor schützen, von ihren Eltern verheiratet zu werden.

Der dritte Absatz des Artikels schützt die Familie als »natürliche und grundlegende Einheit der Gesellschaft«. Der Begriff »Familie« wird je nach Weltregion unterschiedlich aufgefasst. Der Staat muss in seiner Rechtsordnung Vorschriften erlassen, um die Familie zu unterstützen.

Im Grundgesetz der Bundesrepublik Deutschland heißt es in Artikel 1:
(1) Die Würde des Menschen ist unantastbar. Sie zu achten und zu schützen ist Verpflichtung aller staatlichen Gewalt.
(2) Das Deutsche Volk bekennt sich darum zu unverletzlichen und unveräußerlichen Menschenrechten als Grundlage jeder menschlichen Gemeinschaft, des Friedens und der Gerechtigkeit in der Welt.
(3) Die nachfolgenden Grundrechte binden Gesetzgebung, vollziehende Gewalt und Rechtsprechung als unmittelbar geltendes Recht.

Artikel 2 sagt:
(1) Jeder hat das Recht auf die freie Entfaltung seiner Persönlichkeit, soweit er nicht die Rechte anderer verletzt und nicht gegen die verfassungsmäßige Ordnung oder das Sittengesetz verstößt.
(2) Jeder hat das Recht auf Leben und körperliche Unversehrtheit. Die Freiheit der Person ist unverletzlich. In diese Rechte darf nur auf Grund eines Gesetzes eingegriffen werden.

Artikel 3 garantiert die Gleichheit der Menschen:
(1) Alle Menschen sind vor dem Gesetz gleich.
(2) Frauen und Männer sind gleichberechtigt. Der Staat fördert die tatsächliche Durchsetzung der Gleichberechtigung von Frauen und Männern und wirkt auf die Beseitigung bestehender Nachteile hin.
(3) Niemand darf wegen seines Geschlechtes, seiner Abstammung, seiner Rasse, seiner Sprache, seiner Heimat und Herkunft, seines Glaubens, seiner religiösen oder politischen Anschauungen benachteiligt oder bevorzugt werden. Niemand darf wegen seiner Behinderung benachteiligt werden.

Schon anhand dieser gesetzlichen Grundlagen wird deutlich, welche fundamentalen Menschenrechte und Freiheiten Frauen und Männern gleichermaßen zugesprochen werden und staatlich zu verteidigen sind.

Im Strafgesetzbuch regeln die Paragrafen 232 bis 241a die persönliche Freiheit der Menschen: Im Kampf gegen Zwangsverheiratungen sind insbesondere die Paragrafen 237 Zwangsheirat, 239 Freiheitsberaubung und 240 Nötigung von großer Bedeutung. Seit 2011 ist Zwangsverheiratung ein eigener Straftatbestand und als solcher im Strafgesetzbuch zu finden. Der Paragraf 237 verbietet die Zwangsverheiratung:

(1) Wer einen Menschen rechtswidrig mit Gewalt oder durch Drohung mit einem empfindlichen Übel zur Eingehung der Ehe nötigt, wird mit Freiheitsstrafe von sechs Monaten bis zu fünf Jahren bestraft. Rechtswidrig ist die Tat, wenn die Anwendung der Gewalt oder die Androhung des Übels zu dem angestrebten Zweck als verwerflich anzusehen ist.
(2) Ebenso wird bestraft, wer zur Begehung einer Tat nach Absatz 1 den Menschen durch Gewalt, Drohung mit einem empfindlichen Übel oder durch List in ein Gebiet außerhalb des räumlichen Geltungsbereiches dieses Gesetzes verbringt oder veranlasst, sich dorthin zu begeben, oder davon abhält, von dort zurückzukehren.
(3) Der Versuch ist strafbar.
(4) In minder schweren Fällen ist die Strafe Freiheitsstrafe bis zu drei Jahren oder Geldstrafe.

In schweren Fällen kann die Strafe bis zu fünf Jahren Freiheitsstrafe betragen. Seit 2015 ist auch die im Ausland vollzogene Zwangsverheiratung strafbar. Hier gilt das deutsche Strafrecht, wenn der Täter ein Deutscher ist oder sich die Tat gegen eine Deutsche bzw. in Deutschland lebende Person richtet. Entscheidend ist also der gewöhnliche Aufenthalt. Die persönlichen Rechte eines Menschen sind mit all diesen Gesetzen unmissverständlich klar definiert. Sie gelten für alle und stehen nicht zur Disposition. Vielen Frauen werden diese Rechte dennoch verweigert, auch in Europa. In traditionellen Familien entscheiden häufig die Eltern über das Leben, den Ehepartner und vor allem den Lebensstil der jungen Frauen, auch wenn diese bereits vor dem Gesetz volljährig sind. Insbesondere Familien mit wenig oder gar keiner Bildung führen ein gesellschaftliches Leben, in dem jahrhundertealte Traditionen und religiöse Bräuche ihren Alltag bestimmen. Sie sind an modernen Gesetzen, die individuelle Freiheitsrechte garantieren, nicht interessiert. Innerhalb der Familie wird entschieden, wie die Mitglieder sich zu verhalten haben, in Extremfällen kommt es zu Selbstjustiz.

Im Juli 2017 ist ein Gesetz zur Bekämpfung von Kinderehen in Kraft getreten, mit dem die Ehemündigkeit in Deutschland ausnahmslos auf 18 Jahre heraufgesetzt wurde. Es dürfen keine staatlichen Ehen mehr mit Minderjährigen geschlossen bzw. anerkannt werden. (Davor betrug das Mindestheiratsalter mit der Einwilligung der Eltern bzw. Erziehungsberechtigten16 Jahre.)

§ 1303 BGB regelt die Ehemündigkeit:
(1) Eine Ehe darf nicht vor Eintritt der Volljährigkeit eingegangen werden.

Dieses Gesetz gilt für alle Menschen, die in Deutschland leben. Das bedeutet, dass auch im Ausland geschlossene Ehen von Minderjährigen nicht mehr anerkannt werden, selbst wenn das heimatliche Recht die Heirat von Minderjährigen zulässt. Hierzulande ist das Kindeswohl entscheidend. Komplizierte Details bei Ehen mit Minderjährigen (die z. B. bei Eheschließung minderjährig waren, zwischenzeitlich aber volljährig sind oder Kinder haben) werden im Einzelfall geprüft und entschieden. Das gilt auch für eine mögliche Inobhutnahme durch das Jugendamt, wenn eine minderjährige Ehefrau von ihrem Ehemann getrennt wird.

Diese gesetzlichen Regelungen betreffen die offiziellen Eheschließungen. Doch leider gibt es auch Formen der Ehe, die diese offizielle Ebene unterlaufen. Ich spreche von religiösen bzw. sozialen Ehen in den Communities. Sie kommen zustande, indem ein religiöses Oberhaupt das Brautpaar traut oder die Heirat auf einer familiären Zeremonie durch die Familien verkündet wird. Ohnehin ist für viele traditionelle Familien vor allem die gesellschaftliche Bekanntgabe von großer Bedeutung. Der formale Akt einer Heirat bei der Behörde ist für viele nur wichtig, um die Ehe offiziell und rechtlich anerkennen zu lassen. Religiöse bzw. soziale Zwangsverheiratungen können mit den folgenden Gesetzen bekämpft werden:

§ 239 Freiheitsberaubung StGB sagt:
(1) Wer einen Menschen einsperrt oder auf andere Weise der Freiheit beraubt, wird mit Freiheitsstrafe bis zu fünf Jahren oder mit Geldstrafe bestraft.

Und § 240 Nötigung StGB:
(1) Wer einen Menschen rechtswidrig mit Gewalt oder durch Drohung mit einem empfindlichen Übel zu einer Handlung, Duldung oder Unterlassung nötigt, wird mit Freiheitsstrafe bis zu drei Jahren oder mit Geldstrafe bestraft.

(2) Rechtswidrig ist die Tat, wenn die Anwendung der Gewalt oder die Androhung des Übels zu dem angestrebten Zweck als verwerflich anzusehen ist.
(3) Der Versuch ist strafbar.

Alle Sachverhalte zum Thema Zwangsverheiratung beschreiben Formen von Gewalt. Ein vom Täter erwünschtes Verhalten wird mit Drohung oder Druck gegen den Willen des Opfers durchgesetzt. Es muss nicht näher erläutert werden, dass bei Gewalt in der Familie die Kinder den Eltern bzw. der Großfamilie ausgeliefert sind. Kinder erleben einen Loyalitätskonflikt, wenn sie ihre Wünsche gegenüber den Forderungen der Eltern durchsetzen wollen. Gerade in strengen Familien, in denen die Kinder in der Erziehung absoluten Gehorsam gelernt haben, ist ein Widerspruch gegen die Entscheidungen der Eltern unmöglich, auch wenn die Kinder darunter leiden.

Der Schutzauftrag für das Kindeswohl ist im Sozialgesetzbuch geregelt, die Fachkräfte der Jugendhilfe müssen reagieren, wenn solche Fälle gemeldet werden. Aufklärung über diese Straftaten innerhalb der Familie und die Information, dass dieses Verhalten unter Strafe steht, auch wenn es die eigenen Eltern sind, kann über Schicksale entscheiden.

Wichtig ist, dass all die genannten Gesetze in die Köpfe der jungen Mädchen gelangen. Sie müssen ganz früh erfahren, dass nur sie über ihren Körper bestimmen und dass europäische Gesetze ihnen ein ganz anderes Leben ermöglicht als die Gesetze in einigen Herkunftsländern der Familien. Erst mit diesem Bewusstsein können die Mädchen für ihre Freiheit kämpfen. Ohne das Wissen und die ihnen gebotenen Möglichkeiten sind die Mädchen nur so viel wert, wie ihnen ihre Familien beimessen. Auch Jungen müssen früh lernen, dass Mädchen gleichberechtigt sind und dass sie selbst als männliche Nachkommen keine rechtlichen Privilegien genießen, wie es in manchen Herkunftsländern üblich ist.

Es arbeiten zwar viele verschiedene Einrichtungen und Projekte daran, traditionellen, bildungsfernen und in ihrer abgeschotteten Welt lebenden Familien die Themen Freiheit, Individualität und Selbstbestimmung nach europäischen Werten zu vermitteln – u. a. durch Beratung, Information und Veranstaltungen im Stadtteil oder in der Schule. Wichtig ist aber, dass diese Arbeit durch Politik und Gesellschaft unterstützt wird. »Zwangsverheiratung stellt eine Form von Gewalt gegen Mädchen und Frauen und eine schwere Menschenrechtsverletzung dar«, formuliert *Amnesty International* in einem Positionspapier zum Thema. Junge Mädchen, die streng erzogen werden, ihren Familien unterworfen und von ihnen abhängig sind, haben keine Chance, sich zu wehren, wenn sie noch während der Schulzeit oder in der Ausbildung verheiratet werden. Sie sind finanziell und emotional an die Familien gebunden und haben keine Verbündeten, die ihnen den Rücken stärken und für sie da sind. Außenstehende wie Lehrer, Nachbarn oder Kollegen bemitleiden diese Mädchen, ohne sich für deren Rechte und Freiheiten einzusetzen. Somit bleibt es für Interessierte und Fachleute häufig bei Berichten und Zusammenfassungen auf Hochglanzpapier. Doch die Lebenssituation der Mädchen und ihrer Familien wird in keiner Weise verändert, keiner von beiden ist an Gesprächen oder Diskussionen beteiligt, es sei denn, es kommt zu einem individuellen Beratungsgespräch. Damit sich etwas an der Lebenssituation und dem Schicksal der jungen Menschen ändert, ist die Arbeit vor Ort, in der Schule, in den Familien und in der Nachbarschaft wichtig. Nur so können bestehende Gesetze, geltende Regeln und errungene Werte zu allen Mitgliedern einer Gesellschaft getragen werden.

Als vor fast 60 Jahren die ersten Gastarbeiter aus der Türkei nach Deutschland kamen, hat es niemanden interessiert, dass viele von ihnen Analphabeten waren, einige Frauen Kopftücher trugen und in den Familien mittelalterliche Ehrvorstellungen und patriarchale Strukturen den Alltag bestimmten. Auch diese Menschen hatten Rechte. Aber sie waren eine Minderheit, von der angenommen wurde, dass sie wieder zurückkehren werde. Hinzu kommt, dass auch Nachkriegsdeutschland noch viele traditionelle Strukturen kannte und viel Verständnis für Tradition vorhanden war. Wir dürfen die Fehler der Vergangenheit nicht wiederholen. Viele der Neuzuwanderer kommen aus Ländern, in denen religiöse Oberhäupter die Gesetzgebung bestimmen und bei der Rechtsprechung häufig das letzte Wort haben. Weltliches Recht, wie wir es in Europa gewohnt sind, ist vielen fremd. Für die Ehemündigkeit gelten unterschiedliche Altersbestimmungen. In Afghanistan können Mädchen mit 15 Jahren mit Einwilligung des Vaters heiraten, in Iran offiziell sogar mit 13 Jahren. Mit gerichtlicher Genehmigung dürfen Mädchen in Pakistan und in Iran sogar schon mit neun Jahren heiraten. Man möchte sich nicht vorstellen, wie die Heiratspraxis in abgelegenen Dörfern dieser Länder aussieht, wenn so junge Kinder bereits offiziell landesweit verheiratet werden können. Deshalb ist bei Neuankömmlingen Aufklärung und Information über hiesige Gesetze, Regelungen und vor allem Rechte unverzichtbar. Die Rücksichtnahme auf solche kulturellen Unterschiede, die Frauen benachteiligen, ist grob fahrlässig. Natürlich ist es wichtig, auf die Menschen zuzugehen und zu erfahren, welchen Hintergrund sie mitbringen. Nur so können wir klar und deutlich formulieren, dass es bei uns nicht erwünscht ist, Mädchen und Frauen zu benachteiligen, weder gesellschaftlich noch rechtlich, und dass genau diese Gleichberechtigung im Gesetz verankert ist. Ohne Ausnahme!

5. DIE BÜRDE DER TRADITION

Warum Eltern ihre Kinder in eine Ehe zwingen

Ein soziologischer Blick auf das Konstrukt Familie ermöglicht es, einzelne ihrer Funktionsbereiche zu betrachten. Menschen werden in ihrer Familie sozialisiert, sie werden hier geschützt, und jedes einzelne Mitglied erlangt durch die Familie seinen Platz in der Gesellschaft. Die Familie vermittelt Werte, Normen, Bräuche, Sitten und Gepflogenheiten. Jede Familie kennt einen eigenen Lebensentwurf, ein eigenes Verständnis des Begriffs Familie und unterschiedliche Machtpositionen. In modernen Familien sind beide Elternteile gleichberechtigte Oberhäupter, in traditionellen Familien ist der Vater Alleinverdiener und das Familienoberhaupt, dem bei wichtigen Entscheidungen das letzte Wort zukommt. Er muss die Kosten tragen – eine Verantwortung, die ihm mehr Macht als den anderen Familienmitgliedern verleiht. Jede Familie hat Strukturen, in die sich alle einfügen, Kinder passen sich den Eltern an. Je mehr Wert eine Familie auf Demokratie, Freiheit und Individualität legt, desto mehr Mitspracherecht haben die einzelnen Mitglieder, auch die kleinsten Kinder.

Da die aus der Heimat gewohnte Rollenverteilung bei etlichen traditionellen Familien durch das Leben in der Fremde aus den Fugen gerät, finden sich die Eltern oft mit ihrer eigenen Hilflosigkeit konfrontiert. Sprachlich wie auch in der Organisation ihres Lebens sind sie durch das Leben in einer modernen, anonymen und unüberschaubaren Großstadt überfordert. Ihre Kinder lernen in der Schule eine andere, freie und demokratische Welt kennen. Zu Hause erleben sie tradierte Rollenbilder und müssen eine Erziehung über sich ergehen lassen, die nicht zu der der westlichen Welt passt.

Viele Menschen hierzulande können nicht nachvollziehen, warum traditionelle türkeistämmige Familien ihre Kinder früh in eine Ehe drängen. In einem Land wie Deutschland, in dem Männer wie Frauen im Durchschnitt mit ca. 30 Jahren heiraten, wirkt es schockierend, wenn manche Familien ihre Töchter bereits mit 15 und ihre Söhne mit 17 Jahren verloben und so schnell wie möglich Hochzeit feiern wollen. Aus einer 2011 veröffentlichten Studie der Hacettepe-Universität geht hervor, dass jede siebte Frau in der Türkei vor ihrem 18. Geburtstag heiratet. Und auch das Phänomen der Zweitfrau ist verbreitet. Ein Grund für eine solche zweite Ehe – meistens handelt es sich um eine »Imam-Ehe«, die rechtlich keinen Bestand hat – liegt in der Kinderlosigkeit. Die Zweitfrau ist in vielen Fällen ein junges Mädchen, das dem Mann noch die erwünschten Söhne gebären soll. Da auch in der Türkei die Mehrehe gesetzlich verboten ist, gibt es zu diesem Thema keine offiziellen Zahlen. Untersuchungen bestätigen jedoch, dass insbesondere im armen Osten oder in Großstädten mit jungen Bräuten aus dem Osten des Landes solche Ehen geschlossen werden. Viele der betroffenen jungen Frauen haben keine oder eine nur sehr geringe Schulbildung.

Was bewegt Eltern dazu, ihre Töchter möglichst früh zu verheiraten? Um das zu verstehen, muss man sich zunächst die Familienstrukturen ansehen. In der patriarchalischen Ordnung dieser traditionellen Familien ist eine individuelle Entwicklung einzelner Persönlichkeiten nicht vorgesehen. Die Familien bleiben gern unter sich, gesellschaftliche Konventionen und Regeln müssen von allen eingehalten werden. Der Vater trifft die Entscheidungen, die Mutter ist für häusliche Angelegenheiten und für die Erziehung der Kinder zuständig. Hier hat sie ein großes Mitspracherecht und kann viele Freiheiten genießen. So kann sie etwa Kontakte zu anderen Frauen pflegen, mit denen sie viel unternimmt und sich austauscht.

Als Beraterin habe ich sehr viele dieser Familien kennengelernt, und ich bin selbst Tochter anatolischer Bauern mit sehr niedriger Bildung. Ich bin davon überzeugt, dass auch diese Eltern nur das Beste für ihre Kinder wollen. Wir dürfen aber nicht übersehen, dass für sie das größte Glück im Erfolg in der Gesellschaft liegt, aus der sie selbst stammen. Und dieser Erfolg heißt: Familie, Kindersegen, gesellschaftliche Anerkennung und finanzieller Aufstieg. Die Mütter, häufig mit sehr niedriger Schulbildung oder Analphabetinnen, geben ihre Traditionen weiter und erwarten von ihren Kindern, dass sie die vorgegebene Definition von Glück übernehmen. Von vielen dieser Mütter wurde ich gefragt, wie Frauen denn völlig allein leben können und ob sie wirklich einen Sinn im Leben sehen, wenn sie keinen Mann und keine Kinder haben. Sie verstehen nicht, dass es andere Formen von Glück geben kann.

Bis zum Jahr 1997 gab es in der Türkei eine fünfjährige Schulpflicht, die später auf acht Jahre erhöht wurde und inzwischen bei zwölf Jahren liegt. Umfragen zur schulischen Bildung in der Türkei, durchgeführt von unabhängigen Trägern, ergaben, dass ca. 30 Prozent der Frauen keine Schulbildung und weitere 50 Prozent nur eine Mindestschulbildung haben. Obwohl die moderne türkische Republik seit mittlerweile 90 Jahren besteht, ist es nur teilweise gelungen, das Rollenverständnis der Frau nachhaltig zu verändern. Insbesondere in den östlichen Provinzen sind Frauen benachteiligt. »Das Durcheinander und Ineinandergreifen von Gesetzen, Traditionen und Religion führt zur Orientierungslosigkeit von Frauen und hindert sie an dem Bewusstsein und der Geltendmachung ihrer Rechte. Traditionelle und religiöse Vorschriften wahren als stärkere Einheit im Gegensatz zu den formellen Gesetzen die Herrschaft des Mannes in der Familie und Gesellschaft«, beschreibt die Rechtsanwältin Esma Çakir-Ceylan die Missstände. Und genau sie sind es, die das Weltbild und die Denkweise der traditionellen, konservativen türkischen Migranten in Deutschland prägen.

Dass diese Menschen auch in der Fremde den Kontakt zu Gleichgesinnten bevorzugen, ist verständlich. Denn ob es nun Weltanschauung, Verhaltensweisen, Gewohnheiten oder Lebensstile sind: Das Miteinander funktioniert nur, wenn klare Regeln gegeben sind und alle sich daran halten. Es ist sehr schwer, zu einer modernen und offenen Gesellschaft dazuzugehören, wenn man extrem traditionell und religiös lebt und Andersdenkende nicht toleriert. Hinzu kommen Sprachbarrieren, mangelndes Kulturkapital oder das Fehlen wichtiger Netzwerke. Viele Familien stammen aus Anatolien oder der Südosttürkei, und nicht wenige dieser traditionell lebenden Familien hätten auch in Großstädten der Türkei Anpassungsschwierigkeiten. Wegen ihrer geringen finanziellen und kulturellen Möglichkeiten wären sie auch dort in Randgebiete gedrängt. So werden gewohnte Machtstrukturen erhalten. Vielen Eltern ist der gute Ruf, der noch immer bis ins Heimatdorf reicht, wichtiger als die individuelle Freiheit der Kinder.

Migration kennt sehr unterschiedliche Gesichter. Menschen, die bereits mit einer soliden Grundbildung in der Muttersprache nach Deutschland kamen, eröffneten ihren Kindern ganz andere Wege und Möglichkeiten. Die Kinder konnten studieren oder gute Berufe erlernen. Zwar pflegten auch diese Familien ihre Traditionen, sie waren aber auch Neuem aufgeschlossen. Sie hatten keine Angst, dass ihre Kinder davonlaufen und »Schande« über die Familie bringen würden. Im Gegenteil, viele unterstützten ihren Nachwuchs und wollten, dass er bessere Möglichkeiten als sie selber erhielt. Und nicht selten sind diese Kinder gut qualifizierte und international begehrte Arbeitskräfte.

Kein Vergleich zu jenen in ihrer Tradition gefangenen Müttern. Eine sagte mir in einem beruflichen Beratungsgespräch über ihre Tochter: »Wie soll ich meine Tochter nach Amerika schicken, ich weiß weder, wie man diesen Namen schreibt, noch, wo das liegt. Aber Amerika ist täglich im türkischen Fernsehen und in der Türkei Thema, sie kann doch auch in die Türkei gehen und etwas darüber lernen!« Was wie ein schlechter Witz klingt, bringt eine junge Frau, die für ein Schuljahr oder ein Semester ins Ausland möchte, in größere persönliche Schwierigkeiten. Wie soll sie ihrer Familie diesen Auslandsaufenthalt erklären, wenn die Familienmitglieder nur zu den Verwandten in der alten Heimat reisen? Die Welt der Eltern ist kleiner und enger, sie haben Ängste, weil sie derartige Freiheiten nicht kennen.

Selma (20) hatte es in der Oberstufe nicht geschafft, ihre Eltern davon zu überzeugen, einen solchen Austausch machen zu dürfen. Und auch später, als sie volljährig war, wollte sie diese Entscheidung nicht gegen den Willen ihrer Eltern treffen. Die emotionale Bindung an ihre Mutter war zu groß. Und die weinte immer, wenn über das Thema gesprochen wurde. Die Mutter war als Braut nach Deutschland gekommen und fand, dass die Freiheiten, die sie und ihr Mann ihrer Tochter gaben, sehr groß waren. Sie verglich ihre Tochter mit den Töchtern der Frauen aus ihrem anatolischen Dorf. Dass die Welt ihrer Tochter hier in Deutschland eine andere ist, verstand die Mutter nicht. Sie bezeichnete Selma als undankbar und frech. Inzwischen hat Selma das Abitur gemacht und während des Studiums einen jungen Mann aus der Heimat geheiratet. Sie versucht sich zu arrangieren, leidet still und wird wegen ihrer Depressionen behandelt. Es fällt ihr schwer, die Balance zwischen den beiden Welten zu halten, zumal ihr Mann, Muhsin (23), auch wieder ein Stück heimatliche Tradition mitgebracht hat. Ich habe ihn kennengelernt. Er ist sehr familiär, wünscht sich viele Kinder und möchte seine Frau in ihrem Beruf unterstützen. Er arbeitet viel, will Geld für ein Haus in der Heimat ansparen, auch wenn es nur für die Ferien ist. Er erwartet von seiner Frau, dass sie den Haushalt nicht vernachlässigt und sich später um die Kinder kümmert. Selma hat gelernt, sich gegen ihren Willen den ungeschriebenen Gesetzen anzupassen. Ihr Studium wird sie wahrscheinlich abbrechen. Sie erzählt, dass sie sich einen Job suchen will, bei dem sie schnell Geld verdienen kann. Ihr Vater ist stolz auf sie und zufrieden mit seinem Schwiegersohn. Auch ihre Mutter genießt in der Familie Ansehen. In ihrem Heimatdorf wird sie dafür gelobt, dass ihre Tochter nicht auf die schiefe Bahn geraten ist. Ihr Glück wird vollkommen sein, wenn sie irgendwann Großmutter wird. Ich habe Selma drei Jahre lang begleitet, sie immer wieder beraten. Sie hatte nicht den Mut, aus diesen Strukturen auszubrechen und ihrer Familie den Rücken zu kehren.

Komplexe Zusammenhänge werden in traditionellen Familien einfach erklärt, auf komplizierte Fragen gibt es banale Antworten. Wichtig sind nur das unmittelbare Umfeld und die Verwandtschaft. Deshalb funktioniert auch eine Einteilung der Welt in Schande und Ehre. Wer sich anpasst und gehorsam ist, gilt als gut und ehrenwert, alles Fremde und Ungewohnte, das die gewohnte Struktur infrage stellt oder bedroht, ist schlecht und eine Schande. Es gibt keine großen weltlichen Ziele oder abstrakten Zusammenhänge, aber es gibt Machtstrukturen, an denen festgehalten wird.

Bei meinem Blick auf die Familien habe ich nicht nur die türkischen Mütter und Töchter, sondern auch die Väter vor Augen, die bereits sehr früh lernen mussten, dass sie als Männer privilegiert sind und mehr Freiheiten haben als die Frauen. Und doch müssen auch die Männer sich den strengen gesellschaftlichen Zwängen unterwerfen, werden aber weniger kontrolliert, da sie »rausgehen« und das Geld verdienen. Viele Männer der ersten Generation, die mit niedriger Bildung nach Deutschland kamen und aus ärmsten Verhältnissen stammten, hatten nicht nur die Verantwortung für ihre Familien in Deutschland zu tragen, sondern auch für die Eltern und jüngeren Geschwister in der Heimat.

Wenn wir traditionelle Familien verstehen wollen, müssen wir wissen, dass hier der Begriff »Familie« wesentlich weiter definiert wird. Auch Verwandte zweiten oder dritten Grades zählen dazu. Etliche der Familien leben in clanartigen Bindungen, die sie durch Heirat noch vertiefen. Die Kinder müssen den Weg ihrer Eltern und Großeltern einschlagen, sie müssen früh heiraten, Familien gründen und die Traditionen fortführen.

Ein anderer Aspekt kommt hinzu: Nicht wenige benachteiligte türkische Familien wohnen in Gegenden, in denen auch sozial benachteiligte Deutsche leben. Deren Beispiel schreckt ab. Einige Mütter haben mir von jungen deutschen Frauen erzählt, deren vier Kinder vier verschiedene Väter haben. Es hieß dann: »Sollen wir werden wie die Deutschen?« Andere deutsche Familien kennen sie nicht. Kein Wunder: Kontakte entstehen über Beruf, Wohngegend und Hobbys. Doch was, wenn es keinen

Beruf gibt, wenn man in einer schwierigen Wohngegend lebt und keine Chance auf ein Hobby hat? Natürlich repräsentiert diese Nachbarin nicht »die deutsche Frau«, sie ist aber für den Moment die einzige, der diese Familien in ihrem Ghetto begegnen. Alltägliche Beziehungen zu bürgerlichen Familien oder einfach nur der Kontakt zu modernen, offenen Familien existieren bei patriarchalen türkeistämmigen Familien kaum.

In einem Beratungsgespräch sagte mir eine Mutter: »Wenn meine Tochter früh einen passenden Mann heiratet, gewöhnt sie sich an das Leben und wird dann auch glücklich, wenn sie Kinder hat und gesellschaftlich anerkannt wird. Das finde ich viel anständiger als ein freies Leben mit unehelichen Kindern von verschiedenen Männern. Das wäre nicht nur eine Schande und peinliche Situation für unsere Familie. Meine Tochter hätte dann keine eigene Familie, andere anständige Familien würden sie ausgrenzen. Dann wäre sie unglücklich.« Yeliz, ihre Tochter, 16 Jahre alt, versuchte der Mutter klarzumachen, dass ein freies Leben nicht automatisch viele Kinder von verschiedenen Partnern bedeutet. Sie erzählte von älteren Geschwistern ihrer Klassenkameradinnen, die in Wohngemeinschaften mit anderen jungen Frauen wohnten, die arbeiteten und ihr Leben selbstbestimmt und frei führten. Das konnte die Mutter nicht nachvollziehen. Sie meinte nur, dass in so einem Fall alle Verwandten und Bekannten sie fragen würden, warum sie ihre Tochter rausgeworfen habe oder warum sie fortgelaufen sei. Ein Auszug aus dem Elternhaus ohne eine Hochzeit sei nur im Streit möglich, so die Mutter, denn die Töchter hätten ja alle Freiheiten und könnten diese im Elternhaus ausleben. Damit meinte sie Dinge wie zur Schule gehen, einkaufen, Freundinnen oder das Kino besuchen. In unseren Ohren klingt das lächerlich und banal. Aber diese Mütter kennen die Freiheit des Alleinlebens und individuelle Entscheidungen von jungen Erwachsenen nicht. Sie akzeptieren auch nicht die Volljährigkeit ihrer Kinder. Wie die Mutter von Yeliz: »Ich bin mit der Heirat aus meinem Elternhaus ins Haus meines Mannes gezogen und habe mich meiner neuen Familie angepasst. Manchmal war es schwer, aber insgesamt haben wir uns alle arrangiert.« Damit meinte sie, dass sie versuchte, mit ihren Schwiegereltern gut klarzukommen, ihrem Mann eine gute Gattin zu sein und ihm Söhne zu gebären. Im Gespräch ergänzte sie noch: »Yuvayı dişi kuş yapar! Das Nest macht das Weibchen … Wir sparen schon für die Hochzeit, die Wohnung und die Ausstattung von Yeliz. Die ganze Familie ist stolz auf Yeliz, weil sie in der Schule viele Sprachen lernt und bestimmt eine gute Ausbildung machen wird. Auch ihr zukünftiger Mann wird das zu schätzen wissen. Es gibt schon Kandidaten aus der Heimat.« Die Mutter strahlte über das ganze Gesicht vor Freude, dass ihre Tochter so wertvoll ist, dass es schon jetzt Heiratsanfragen gibt. Auch für ihre beiden Söhne wünscht sie sich Bräute, die zur Familie passen. Der ältere, Mustafa, ist fast 18 Jahre alt und erzählt, dass er, sobald er volljährig ist, in eine andere Stadt ziehen möchte, weil ihm der Lebensstil der Familie nicht gefällt. Die Mutter bewertet das als eine Phase der Pubertät. »Er wird schon Vernunft annehmen und seinen Eltern keine Schande bereiten.« Auch für ihn hört sie sich schon nach potenziellen Ehepartnerinnen um, in Deutschland wie auch in der Heimat. »Aber zuerst soll er seine Ausbildung machen, damit er eine Familie ernähren kann. Die ersten Jahre können sie auch bei uns wohnen. Wir haben eine Vierzimmerwohnung. Yeliz wird nach der Heirat sowieso ausziehen, sodass sich nicht viel ändert. Unsere Braut ist dann auch unsere Tochter.« Diese Familie habe ich nur kurz beraten, es waren wenige, sehr intensive Gespräche. Insbesondere wenn Yeliz allein kam, spürte ich ihre Hilflosigkeit. Sie war ein sehr fleißiges und ehrgeiziges Mädchen, erzählte, dass sie nicht früh heiraten wollte. Aber für ihre Familie war die Ehe das einzig mögliche Lebensmodell. Was aus ihr geworden ist, weiß ich nicht.

Auf interkulturellen Veranstaltungen werde ich häufig gefragt, wieso Menschen, die unter derart schlechten Wohnbedingungen und in so miserablen Arbeitsverhältnissen leben, nicht die Motivation haben, ihre Situation zu verbessern. Die traurige Antwort lautet: Diese Bedingungen sind für viele purer Luxus. In der Heimat hatten sie keine Perspektive. Aus ihrer Sicht ist der soziale Aufstieg bereits gelungen. Das ist für die Mehrheitsgesellschaft kaum nachvollziehbar. Vielmehr wird die Frage laut: »Wie kann man über 40 Jahre in Deutschland leben und kein Deutsch können?« Auch hier ist die Antwort ganz banal: Viele solcher Menschen sind kaum in ihrer Muttersprache alphabetisiert, daher haben sie keine Kontakte zu Deutschen oder zu Menschen mit anderer Herkunft. Anderen genügt der Umgang in ihrem Ghetto. Da es dem Staat lange Zeit egal war, ob die Migranten Deutsch können, solange sie nur ihre Arbeit ordentlich erledigten, war das Thema »Sprachkenntnisse« nicht relevant. Die Gastarbeiter sind aus Not nach Deutschland gekommen und nicht weil sie an den Kulturstädten München und Berlin, an Goethe oder deutscher Literatur oder Geschichte interessiert waren. Sie haben nicht erst einen Deutschkurs besucht, haben sich nicht über Land und Leute informiert, wie es deutsche Rentner tun, die ihren Lebensabend in Spanien oder der Türkei verbringen wollen. Sie hatten Hunger, sahen in ihrer Heimat keine Zukunft mehr und sind durch Verträge mit Arbeitgebern irgendwo in Deutschland gelandet. Ihr Ziel war schnelles Geld, schneller Aufstieg und schnelle Rückkehr. Sie kamen nach Deutschland, weil sie der Armut und der Perspektivlosigkeit in ihrer Heimat entkommen wollten und sich hier ein besseres Leben versprachen. Sie wären auch nach England, Frankreich oder Spanien ausgewandert, hätte man damals dort Arbeitskräfte gesucht. Viele von ihnen sprechen kaum die Sprache ihres Heimatlandes. Kurden, denen es bis vor einigen Jahren verboten war, ihre Muttersprache zu sprechen, waren bereits in der Türkei »sprachlos«, da sie kaum Türkisch konnten. Diejenigen, die keine oder nur eine minimale Schulbildung genossen hatten und dann hier in den Fabriken arbeiteten, hatten, erschöpft von langen Arbeitstagen, kaum die Chance, die deutsche Sprache zu lernen, zumal es auch keine umfangreichen Angebote an Deutschkursen gab. Die jüngere Generation, die zwar hier zur Schule gegangen ist, aber von diesen Eltern erzogen und mit einem Partner aus der Heimat der Eltern verheiratet wurde, bleibt primär dem Sprach- und Kulturraum der Familie verbunden. Häufig ist das ein Grund dafür, dass Kinder der dritten Generation zuweilen schlechter Deutsch sprechen als ihre Elterngeneration.

Wie wir wissen, dauert das »Gastarbeiterabenteuer« nun schon seit über 50 Jahren an. Manchmal höre ich das Argument, viele Osteuropäer seien nach kurzer Zeit wesentlich schneller integriert. Doch diese (Spät-)Aussiedler, die in den 1990er-Jahren einreisten, galten als Deutsche und hatten dadurch ganz andere Startbedingungen. Nicht nur kamen viele von ihnen mit höherer Bildung nach Deutschland, sie hatten und haben zum Teil bis heute in Deutschland auch eine erheblich bessere rechtliche Situation als viele Türkeistämmige. Viele Russlanddeutsche fallen aufgrund ihres europäischen oder slawischen Aussehens optisch gar nicht als »Ausländer« auf. Auch das mag ein Grund dafür sein, dass diesem Personenkreis die Integration leichter fällt. Zwar habe ich von vielen russischsprachigen Frauen erfahren, dass das Familienbild der Russinnen trotz höherer Bildung häufig auch auf traditionellen Geschlechterrollen basiert. Allerdings waren hier die Möglichkeiten der Frauen aufgrund ihrer Vorbildung besser. Wenn man bedenkt, dass ausgerechnet in Russland bei häuslicher Gewalt gegen Frauen die Täter früher mit Gefängnis bestraft wurden, seit einigen Jahren jedoch nur Geldstrafen befürchten müssen, zeigt sich aber auch hier das Gesicht patriarchaler Macht.

Erwähnt werden müssen die geflüchteten Familien aus Syrien, Afghanistan und dem Irak, die seit dem Herbst 2015 vermehrt auch in Deutschland leben. Insgesamt haben bisher etwa eine Million Menschen einen Asylantrag gestellt, davon ca. zwei Drittel Männer und ein Drittel Frauen. Die größte Gruppe der Geflüchteten sind Kinder und Jugendliche unter 15 Jahren. Anerkannte Flüchtlinge mit einer Bleibeperspektive werden die hiesige Gesellschaft mitgestalten. Nach und nach werden sie aus ihren derzeitigen Unterkünften in Mietwohnungen ziehen, die Kinder werden hier zur Schule gehen. Auch diese Familien bringen Traditionen, Werte und Denkweisen aus ihrer Heimat mit. Insbesondere die Familien aus ländlichen bzw. ärmeren Regionen, die weniger Bildung genossen haben, halten häufig an den strengen und religiös geprägten Traditionen ihrer Heimat fest. Und wieder spielt die Religion in den Herkunftsländern eine ganz andere Rolle im Alltag. Sie prägt das Miteinander weitaus stärker als hierzulande üblich. Aufgrund der kriegsbedingten Fluchtsituation haben viele Familien ihre Töchter verheiratet, da sie glauben, dass sie als Ehefrauen den Schutz durch den Ehemann genießen. In diesem Fall ist es die Angst und Verzweiflung der Eltern, die zu solchen Entscheidungen führt. Die Mädchen werden schon sehr früh in traditionelle Rollen gedrängt, sie bekommen viel häufiger bereits in jungen Jahren Kinder, was ihre

Chancen auf Beruf oder Bildung mindert. Ich habe festgestellt, dass sehr viele Frauen in den Flüchtlingscamps bereits Kinder haben oder schwanger sind. Diese Frauen werden das Frauenbild hierzulande mitbestimmen. Eines haben alle Familien gemeinsam: Sie wollen glücklich mit ihren Kindern leben, sie in Frieden erziehen und ihnen eine gute Zukunft bieten. Und für praktizierende Muslime gilt: Eine uneheliche Beziehung zwischen Mann und Frau ist nicht denkbar, was wiederum bedeutet, dass junge, verliebte Paare heiraten müssen, um zusammen sein zu können.

Zurück zu den türkeistämmigen Migranten: Die Idee von der schnellen Rückkehr in die Türkei wurde nicht Realität, im Gegenteil. Anstatt zurückzukehren, haben die meisten von ihnen noch mehr Familienmitglieder nach Deutschland nachgeholt. Ihre Kinder sind hier geboren, sie sind hier zur Schule gegangen, und viele von ihnen sind inzwischen deutsche Staatsbürger. Im Gegensatz zu deutschen Familien ohne Migrationshintergrund haben türkeistämmige Familien im Durchschnitt mehr Kinder, ein geringeres Einkommen und leben, wie wir bereits wissen, eher in einer Beziehung mit traditioneller Rollenverteilung. Je mehr die Familien den alten Traditionen verhaftet sind, umso mehr kranken sie an ihrer unmittelbaren Umgebung, die sie kontrolliert und in einer Ehre-und-Schande-Gesellschaft maßregelt. In der Psychologie sind die Familie und insbesondere die Mutter von großer Bedeutung. Eine Mutter versorgt ihr Kind, sie beschützt es und schenkt ihm uneingeschränkte, bedingungslose Liebe. Das Kind wird in die Familie hineingeboren, ist ein Leben lang emotional an sie gebunden und wird durch sie geprägt. So ist es in allen Familien. Insbesondere ungebildete Mütter, die kein eigenes Geld verdienen, sind völlig hilflos. Sie haben Angst, aus ihren Strukturen auszubrechen, und sie haben weder den Mut noch die Kraft, hinter ihren Töchtern zu stehen. »Ich habe Hanim Sürücü als sehr schwache Frau empfunden. Sie hat es nicht einmal geschafft, sich zu erkundigen, wie es ihrer Tochter geht«, sagt die Betreuerin im Mordfall Hatun Sürücü über deren Mutter. Diese Frauen sind im vorgegebenen Wertesystem gefangen, sie leben die Dorftradition aus ihrer Heimat in Berlin, Hamburg oder anderswo weiter. Sie erstarren in ihrer Passivität, weil sie nicht wissen, was sie tun sollen.

Anders sieht es aus, wenn die Mütter ihre Töchter auf dem Bildungsweg unterstützen und ihnen die Chance geben, einen Beruf zu erlernen und somit wenigstens eine Lebensgrundlage zu erhalten. Aber auch hier ist es sehr schwierig, sich gegen den mächtigen Vater zu wehren. Denn die traditionellen Werte, die Frauen und Mädchen benachteiligen, ermöglichen es dem Vater, an der Macht festzuhalten. Zu diesen Werten zählt u. a., dass die Frau als Jungfrau in die Ehe gehen muss. Töchter werden daher früh verheiratet, und häufig waren schon ihre Mütter Opfer einer Zwangsverheiratung. Sie wurden entweder von ihren Eltern in eine Ehe gezwungen oder mussten ihre erste Liebe heiraten, weil eine außereheliche Beziehung nicht infrage kam. Sexualität ist nur innerhalb der Ehe möglich – ein Dogma, das die Frauen internalisierten. Sie sind stolz darauf, ehrenhaft geheiratet zu haben, und wünschen sich das nun auch für ihre Töchter. So funktioniert das System von Generation zu Generation. Viele Mütter haben mir berichtet, wie stolz sie auf ihre Töchter waren, als diese jung, unschuldig und wunderschön im weißen Brautkleid heirateten. Da Kinder eine starke emotionale Bindung an ihre Mutter haben, versuchen sie, sie glücklich zu machen. Und in traditionellen Gesellschaften, in denen die familiären Bindungen und Verpflichtungen sehr intensiv sind, ist dies noch stärker ausgeprägt. Die Mütter definieren das Glück über eine klassische Ehe mit einem großzügigen Partner, der ihre Tochter und die Kinder beschützt, der die Familie ernährt und in der Gesellschaft einen guten Platz für die Familie anstrebt.

Wenige Mütter haben Verständnis dafür, dass ihre Töchter selbstbestimmt, frei und unverheiratet in ihren eigenen vier Wänden leben wollen. Das ist kein Modell in der Welt traditioneller Familien, die das Leben in Großfamilien gewohnt sind. Bei vielen Gesprächen mit älteren Frauen hörte ich: »Ein Mädchen verlässt das Haus ihres Vaters im Brautkleid und das ihres Ehemannes im Sarg.« Die Dominanz solcher als Respektspersonen geltenden alten Frauen stellt für viele Mädchen ein besonders schwer zu überwindendes Integrationshindernis dar. Meist ist ihr Verhältnis zu den Tanten oder Großmüttern inniger als das zu den Männern der Familie. Wenn diese Frauen aber den Mädchen die Luft zum Atmen nehmen, haben die Mädchen noch weniger Chancen, ihre moderne Sicht auf ein freies Leben durchzusetzen. Auf grausame Weise verfestigen die Frauen alte Traditionen und legen jungen Mädchen zusätzliche Steine in den Weg. Das ist der Widerspruch, den etliche Frauen in diesem Ehre-und-Schande-System ertragen: einerseits die eigene bittere Erfahrung, früh geheiratet zu haben, andererseits das Lobpreisen der Hochzeit der eigenen, viel zu jungen Tochter. Ein System, aus dem auszubrechen es kaum die Möglichkeit gibt. Ich habe die Erfahrung gemacht, dass viele Frauen sich erst dann Hilfe holen, wenn sie in ihrer Ehe und mit ihrem Partner Angst um ihr Leben haben. Also dann, wenn es eigentlich schon zu spät ist.

Damit all diese Probleme, die wir aus unserer eigenen europäischen Vergangenheit und der Erfahrung mit traditionellen Gastarbeiterfamilien kennen, sich nicht immer weiter reproduzieren, ist es wichtig, Neuzuwanderer – etwa die Flüchtlinge aus Afghanistan, dem Irak, Syrien oder Somalia – nicht in Ghettos sich selbst zu überlassen. Möglichst früh sollten sie die deutsche Sprache lernen und in kleinen Unterkünften gut gemischt Kontakt mit der Mehrheitsgesellschaft aufnehmen. Viele der Geflüchteten kommen aus nichtdemokratischen Systemen, teilweise stammen sie aus kriegsgebeutelten Ländern, in denen es Frauen besonders schwer hatten, Bildung zu erlangen. Die klare Ansage, dass Frauen hierzulande gleichberechtigt sind und eigenständig Entscheidungen treffen dürfen, kann nicht oft genug wiederholt werden, auch wenn das manchmal angesichts der vielen anderen Sorgen lächerlich erscheint. Diese Denkweise ist der einzige Weg, liberale Strukturen zu etablieren und die Benachteiligung von Mädchen und Frauen zu vermeiden.

Dieses jahrhundertealte Weltbild, das Frauen zu schwachen und unselbständigen Wesen degradiert, wird leider auch von einigen gebildeten Müttern geduldet. Obwohl sie mit ihrer eigenen Ehe und den gesellschaftlichen Zuständen unglücklich sind, nehmen sie all das schweigend und frustriert hin. Einige wenige flüchten und kehren der Familie den Rücken. Leider müssen sie Kinder und Besitz zurücklassen, also in Schande gehen. Doch auch diese Frauen sind emotional abhängig und unterdrücken ihre Trauer und Einsamkeit oder kehren wieder in die Familien zurück. Denn eigentlich will jeder irgendwo dazugehören. Und es ist klar: Mit der Flucht einer einzelnen Person werden die eigentlichen Missstände nicht verändert. Sollte diese Person zudem finanziell, beruflich oder gesundheitlich scheitern, ist die Schadenfreude der Community groß. Das war aus ihrer Sicht ja abzusehen. Und genau das ist das System des Teufelskreises dieser traditionellen Strukturen.

Traditionen und Konventionen engen ein. Darunter leiden viele der Betroffenen – übrigens auch viele Männer. Strategien sind nötig, um Konflikte oder Frustsituationen zu bewältigen und die eigene Situation zu verändern. Wem dies nicht gelingt, der erkrankt früher oder später, er wird depressiv, antriebslos oder aggressiv. Ich erlebe den Alltag vieler unterdrückter Frauen, die keinen Ausweg sehen und hilflos sind. Eine Trennung kommt, abgesehen von der Angst, alleine leben zu müssen, aus gesellschaftlichen Gründen nicht infrage. Und so beugen sie sich den Zwängen. Um das Dilemma ihrer Ehe zu ertragen, verdrängen sie ihre Probleme. Einige beginnen, nachträglich Dinge zu erfinden, um bestimmte Verhaltensweisen zu rechtfertigen, was die eigene Enttäuschung mildern soll. Oder sie erzählen Lügengeschichten und projizieren eigene Eigenschaften auf andere. Wird die Wirklichkeit unerträglich, muss sie geleugnet werden. Man lebt in einer Traumwelt, die man sich schönredet.

Doch der innere Stress und das Unglück bleiben. Psychisch gesund wäre es, auf sein Gefühl zu hören, seine Wünsche zu formulieren und sie so weit wie möglich auszuleben. Nur so ist es möglich, ausgeglichen, glücklich und zufrieden zu sein. Doch Selbstschutz und Überlebensstrategie gehören fast schon zur Normalität. In vielen Beratungsgesprächen habe ich Frauen erlebt, die sich permanent widersprochen haben und irgendwann auf aggressive Antworten auswichen. Sie waren mit einem Problem zu mir gekommen, das entweder sie oder ihr Kind in der Schule betraf. Aber ihr Redebedarf führte sie von einem Thema zum nächsten. Besonders bei Erstgesprächen war es schwierig zu klären, womit man beginnen soll. Ein wirkliches Gespräch war kaum möglich, zu groß das Durcheinander der Gefühle. Die Frauen waren den Familien hilflos ausgeliefert, ein Leben außerhalb kam nicht infrage, die Situation mit dem Gatten und den Kindern wurde immer unerträglicher. Zu diesen psychischen Problemen kommen nicht selten noch finanzielle Sorgen, Krankheiten oder eine innere Einsamkeit hinzu. Der Schritt, sich psychologische Hilfe in der Muttersprache zu holen, ist sehr schwierig, zu groß ist die Scham, aber auch die Angst vor der Wahrheit. Vielen Frauen ist der permanente Dämmerzustand in der Passivität lieber als ein ernsthaftes Gespräch, das Konsequenzen erfordert.

Ein von mir sehr geschätzter Münchener Psychotherapeut hat für diese Art von hilflosen Müttern, die ihren Töchtern keine Kraft geben können, das Bild eines Puddings verwendet. Und tatsächlich, solche Mütter sind wie Pudding: sehr süß und nett, und sie gefallen dem Kind auch gut. Aber sie haben keine Form, geben nichts Festes weiter, woran ihre Kinder sich orientieren können. Sie gleichen einer Handvoll Sand, den man aus dem Meeresstrand greift. Der Sand fühlt sich gut an, ist weich und geschmeidig; aber bis man die Hand vor Augen hat, bleibt kaum noch etwas übrig. So verhält es sich mit überforderten Müttern, die nicht recht wissen, was sie ihren Töchtern mit auf den Weg geben können. Einerseits sind sie gefangen in den Traditionen, andererseits wollen sie auf die Wünsche der Kinder eingehen. Mit solch einer Mutter ist eine Tochter verloren, wenn sie nicht anderweitig Halt bekommt. Denn mit der Liebe ihrer Mutter kann sie sich keinen eigenen Weg formen. Die Liebe fesselt sie emotional an die Mutter, bindet sie womöglich an die ganze Familie und lässt sie umherirren. Sie weiß nicht, was eigentlich gut für sie und ihre Zukunft ist. Und im schlimmsten Fall mündet das Leben solch eines jungen Mädchens in den traditionell vorgegebenen Weg der frühen Ehe. Es ist ein Leben, das von gesellschaftlichen Zwängen vorgegeben wird und Selbstbestimmung nicht vorsieht. Nur durch Anpassung und Schweigen funktioniert das System dieser Familien.

Schon häufiger war von dem System der Schande und der Ehre die Rede. Ein wichtiger Grund für die Zwangsverheiratung ist das traditionell-patriarchalische Verständnis von Ehre, das von einer Frau die Jungfräulichkeit bis zur Ehe verlangt. Die geschlechtliche Ehre einer Frau ist ihr wertvollstes Gut, sie bestimmt ihren Brautpreis, ihren Wert als zukünftige Ehefrau. Dass eine junge Frau keine freundschaftlichen Kontakte zu Männern pflegen darf, ist nur konsequent, denn solch ein Verhalten schadet ihrem Ruf als »anständige« Frau. Der gute Ruf der Frauen bestimmt auch das Ansehen der Väter, Brüder und Ehegatten. Ein Mann, der seine Frau oder Tochter »nicht im Griff« hat, wird von der traditionellen Gesellschaft nicht ernst genommen. Alle haben sich den Werten und Normen unterzuordnen, andernfalls müssen sie in Kauf nehmen, dass eine große Schande und Blamage über die Familie kommt, dass sie von anderen gemieden werden und schlecht über sie gesprochen wird. Durch eine frühe Ehe möchten die Familien sicherstellen, dass die Kinder, insbesondere die Töchter, einen ehrenhaften Lebenswandel haben. Auf vielen Hochzeiten wird die Ehre mit einem roten Band um die Taille der Braut oder um ihre Hüften zelebriert. Das Rot symbolisiert das Blut, das bei der Entjungferung fließen muss. Allerdings tragen viele junge Mädchen heutzutage dieses Symbol v. a. aus Respekt vor den Eltern oder Großeltern; es ist nicht selten, dass sie schon lange keine Jungfrau mehr sind, die eine oder andere ist vielleicht sogar bereits schwanger. Und doch bedaure ich, dass die Mädchen an dieser Tradition festhalten. Denn damit beugen sie sich wieder dem System und fördern weder Veränderung noch Entwicklung. Streng traditionelle Familien legen ganz besonderen Wert darauf, sogar das blutige Bettlaken aus der Hochzeitsnacht neugierigen Blicken zu präsentieren. In vielen anatolischen Dörfern ist dies noch eine weitverbreitete Tradition. Der Mythos der Jungfräulichkeit bestimmt über das Eheglück.

Ein weiterer Grund für eine Zwangsverheiratung ist darin zu sehen, dass die Eltern bestimmte Heiratskandidaten für ihre Kinder vorgesehen haben, etwa aus dem Verwandten- oder Freundeskreis der alten Heimat. Die Heirat soll es diesen Verwandten ermöglichen, nach Deutschland einzuwandern und ein Aufenthaltsrecht zu bekommen. Manche Familienclans wollen, dass ihre Kinder in der eigenen religiösen oder ethnischen Community bleiben und die gewohnten Traditionen und klassischen Geschlechterrollen weiterführen. Dass die jungen Frauen aus ihrer gewohnten Umgebung in der Türkei herausgerissen werden und in Deutschland ohne Sprachkenntnisse sozial abgeschottet leben, ist manchen Familien aus der Heimat nicht bewusst. Doch selbst wenn diese Themen zur Sprache kommen, zählt das kaum, der Wunsch nach einem sozialen Aufstieg in Deutschland überwiegt. In Zeiten, in denen der wirtschaftliche Druck wächst, freuen sich die Familien, wenn sie ihre Töchter und auch Söhne in das reiche Europa verheiraten können. Diese Ehepartner bringen dann die jahrhundertealte Denkweise in ihren Koffern mit nach Deutschland.

Manchmal wird eine Zwangsheirat auch als Erziehungs- oder Disziplinarmaßnahme eingesetzt, wovon häufiger junge Männer betroffen sind, etwa um ihrer Homosexualität, Drogensucht oder einem Abgleiten in die Kriminalität entgegenzusteuern. Und wieder meinen es die Eltern nur gut mit ihrem Kind und glauben, dass sie richtig handeln. Sie sind in einer Machtposition und wollen ihr Kind nicht verlieren. Die Mittel sind fatal. Denn durch eine Ehe gesellt sich zur Drogensucht die Verantwortung für eine Ehefrau aus der alten Heimat und meist nach kurzer Zeit auch die für Kinder. Homosexuelle Söhne leiden still weiter und mit ihnen die junge Braut, die sich wundert, dass ihr Mann kein Interesse an ihr hat. Die Betroffenen werden im Laufe der Zeit entweder seelisch krank oder sie arrangieren sich in irgendeiner Form, die es allen gestattet, irgendwie weiterzuleben. Besonders hart kann es die Frau treffen, über die es irgendwann heißen wird, sie sei unfruchtbar. Dass der Mann unfruchtbar sein oder dass es andere Gründe für die Kinderlosigkeit geben könnte, steht nicht zur Debatte. Es ist ein intimes Thema, bis heute tabu.

Manchmal sind die Absicherung und Versorgung der Töchter der Grund einer Zwangsverheiratung, insbesondere dann, wenn Familien viele Kinder haben, denen sie keine Zukunftsperspektiven bieten können. In manchen Fällen erhalten Familien ein Brautgeld. Vor allem Mütter erhalten oft eine als »Milchrecht« bezeichnete Summe, da sie die Töchter gestillt und großgezogen haben, Mädchen sind also eine Art Familienkapital. Für viele Eltern, die in traditionellen, armen, dörflichen und konservativen Verhältnissen leben, ist es eine Ehre, wenn früh um die Hand ihrer Tochter angehalten wird. Denn dass man sie als Braut auserwählt hat, bedeutet, dass sie wertvoll und angesehen ist. Die Tatsache, dass in vielen Gesellschaften Kinder, insbesondere Töchter, als elterliches Eigentum ohne eigene Rechte gelten, ist erschreckend. Zumal dieses Eigentum mit der Heirat nicht etwa den Weg in die Selbstbestimmtheit findet, sondern in die Hände des Ehemannes übergeht.

In anderen Fällen wird eine Zwangsheirat mit dem Islam begründet. Denn wie wir schon wissen, gilt hier die Ehe als einzige angemessene Lebensform. Ein Zusammenleben außerhalb der Ehe ist jungen Menschen aus streng religiösen Familien nicht erlaubt.

Streng patriarchalische Gesellschaftssysteme gab es auch in Europa in früheren Jahrhunderten, und in vielen Ländern der Welt gibt es sie bis heute. Es sind Errungenschaften, die mit der Aufklärung, der Frauenbewegung und der Moderne kamen, die den Frauen die Wege hin zu mehr Bildung, in den Beruf und zu persönlichen Freiheiten ebneten. In modernen Gesellschaften dürfen Frauen Bildung genießen, sie können im eigenen Namen Entscheidungen treffen oder dürfen wählen. Diese Entwicklung nachzuholen, bedeutet für traditionelle Familien noch einen langen und steinigen Weg, auch wenn die Voraussetzungen in Form von Gesetzen und anderen Möglichkeiten vorhanden sind. Wichtig ist, dass solche Möglichkeiten in den Köpfen der Eltern ankommen, dass sie bereit sind, eine veränderte Weltanschauung zu akzeptieren und ihren Kindern Freiheiten zuzugestehen.

Mütter, die jahrelang als Analphabetinnen verschiedene Reinigungstätigkeiten verrichten mussten, hatten keinen Zugang zu Bildung. Und so ist es für sie und ihre Familie bereits ein großer Fortschritt, wenn ihre Töchter einige wenige Jahre zur Schule gehen konnten, auch wenn die Schulabschlüsse für hiesige Verhältnisse ungenügend ausfielen und keinerlei Ausbildung folgte. Die Eltern sind stolz auf ihre Kinder, die schulisch immerhin mehr erreicht haben als sie selbst. Die deutsche Mehrheitsgesellschaft hingegen sieht nur, wie schlecht die türkischen Kinder im Verhältnis zu den anderen Migranten abschneiden, und ist empört über den (vermeintlich) schwachen Integrationswillen. Gleichzeitig wurde es jahrelang unter dem Vorwand der Wahrung eines »kulturellen Selbstverständnisses« oder der »individuellen Religionsfreiheit« hingenommen, dass jungen Frauen das Recht auf Gleichberechtigung und Bildung oder die freie Wahl des Ehepartners verwehrt wurde.

Wenn Kinder in Deutschland mit einem anderen Gesellschaftssystem konfrontiert werden, sind Konflikte mit den Eltern programmiert. Die Eltern, hin- und hergerissen zwischen den verschiedenen Welten, die auch sie in ihrem Alltag und im Kontakt mit anderen Menschen erleben, sehen häufig in der Heirat ihres Kindes den Ausweg aus den eigenen Problemen. Denn nun müssen die Kinder selbst Verantwortung übernehmen und sehen, wie sie ihr Leben gestalten. Bei manchen Eltern spielt auch Angst eine Rolle, dass die Kinder keinen Partner mehr finden, wenn sie älter und wählerisch werden. Immer wieder wird argumentiert, wie negativ sich die modernen Zeiten und der Individualismus auf das Familienleben auswirken und dass die Menschen immer einsamer und unglücklicher werden. Doch abgesehen von der Frage, ob der Mensch lieber allein glücklich oder in einer Beziehung und Familie unglücklich leben sollte und inwieweit Freiheit Menschen einsam macht, ist hier nur die Tatsache wichtig, dass jeder Mensch ein Recht auf ein freies und selbstbestimmtes Leben hat, jeder Einzelne.

Der Vollständigkeit halber muss erwähnt werden, dass diese uns so fremden Traditionen in Teilen in feudalen Dorfgesellschaften durchaus sinnvoll sein können. In einer männlich dominierten Öffentlichkeit ohne soziale und finanzielle Absicherung und ohne die Möglichkeit auf Bildung und Beruf müssen Familien versuchen, ihre Töchter durch strenge Sitten und Traditionen zu verheiraten und ihnen somit einen Schutz, Ansehen und einen Platz in der Gesellschaft zu verschaffen. Dass dieses Argument in Deutschland völlig ins Leere läuft, wollen manche Familien nicht einsehen. Ihr hiesiges Leben ist rückwärtsgewandt, viele unter ihnen träumen von einer Rückkehr in die Heimat und wollen das Leben, das sie dort kennengelernt haben, hier fortführen.

Als man die Gastarbeiter aus der Türkei herholte, zählte allein, dass gute Arbeitskräfte kamen, jung, gesund und stark. Da sie irgendwann wieder gehen würden, war es der Politik und

Wirtschaft egal, wer hier eintraf. Unterschiedliche Lebensweisen akzeptierte man lange Jahre unter dem Deckmantel »familiäre Angelegenheiten« oder »andere kulturelle Werte«. Viele der Familien kamen aus Anatolien und dem Osten der Türkei, sie brachten wenig Bildung mit, dafür umso mehr Tradition, und sie hatten nicht vor, lange in der Fremde zu bleiben. Insbesondere die aus Dörfern stammenden Gastarbeiter waren hierzulande lange völlig überfordert. Es wurde Menschen eine Verantwortung für Familie und Kinder übertragen, die diese gar nicht tragen konnten. Häufig übernahmen die ältesten Kinder die Rolle der Eltern, und wenn man genauer hinsieht, ist die Integration trotz dieser Startschwierigkeiten durchaus gut gelungen, denn die Masse der türkeistämmigen Zuwanderer fällt kaum auf.

Es gibt keine Kultur, die grundsätzlich über einer anderen steht. Es gibt aber Errungenschaften – z. B. Freiheit, Demokratie, Individualismus, Gleichberechtigung der Geschlechter –, die in etlichen Ländern nicht selbstverständlich sind. In vielen Gesellschaften ist das Interesse des Kollektivs wichtiger als das individuelle Glück. Persönliche Freiheiten spielen nur eine nebensächliche Rolle. Aus der Sicht solcher Kulturen sind »die Deutschen« egoistisch und einsam, weil sie angeblich keinen Respekt mehr vor der Familie und älteren Menschen haben. Nicht wenige der türkischen Familien sind aus ländlichen Regionen zugewandert und holen noch immer die Ehepartner ihrer Kinder in der zweiten und dritten Generation aus heimatlichen Dörfern oder Städten. Wir mögen dies kritisieren, weil wir diese Lebensform rückwärtsgewandt finden; anders herum belächeln viele solcher Familien, nicht zuletzt auch deren weibliche Mitglieder, gebildete, moderne Frauen oder Männer mittleren Alters ohne Partner und Kinder. Ein solches Dasein wollen sie für ihre Kinder unbedingt vermeiden. Welche Lebensform nun die bessere ist, wie der Einzelne sein »Glück« definiert und ob in diesen Bewertungen nicht auch eine Portion Neid oder Arroganz eine Rolle spielt, sei dahingestellt. Allerdings geht es darum, wie das gesellschaftliche System funktioniert, wie wir also zusammen leben wollen. Für eine Gesellschaft ist es wichtig, alle zu erreichen und einzubeziehen, sonst besteht die Gefahr, dass abgeschottete Parallelwelten oder Gegenwelten entstehen. Natürlich haben sich in den vergangenen Jahren auch viele Dinge in der türkischen Community geändert. Türkeistämmige Familien haben verschiedenste Lebensmodelle für sich entdeckt, und längst sind gängige Klischees überwunden. Die Extrembeispiele, die ich hier nenne, geben zum Glück das Schicksal einer Minderheit wieder, und selbst diese entwickelt sich und unterliegt dem Wandel und der Veränderung. Dennoch dürfen wir das Problem nicht aus den Augen lassen, da wir, wie bereits gesagt, auch weiter Zuwanderung aus Ländern haben werden, denen unsere freiheitlichen und demokratischen Errungenschaften wie die Gleichberechtigung von Frau und Mann fremd sind. Auch wenn diese in der Minderheit sind, sind es genau die Fälle, die für Konflikte sorgen und uns alle beschäftigen.

Diejenigen, die abgeschottet in ihrem traditionellen Kosmos leben und in ihren Familien zusätzlich zu der kulturellen oder religiösen Andersartigkeit mit vielfältigen sozialen Mängeln und Belastungen kämpfen, erschweren es ihren Kindern, in der Mehrheitsgesellschaft anzukommen. Strukturen des Bildungswesens, der Wohnraum- und Arbeitsmarktpolitik stellen zusätzliche Schwierigkeiten dar, auch wenn es in den letzten Jahren hier wesentliche Verbesserungen gegeben hat. Zwar sind noch immer die gesellschaftlichen »Nachwehen« jener Fehler zu spüren, die während der ersten Jahrzehnte der Ausländerpolitik gemacht worden sind, doch ist in Deutschland in den letzten

15 Jahren mehr passiert als in den Jahren vom Anwerbeabkommen bis zum Jahr 2000. Natürlich gibt es auch eine Bringschuld der Zuwanderer: »Es kann nicht alles vom Staat erwartet werden, es muss auch Eigeninitiative geben.« Dieser Satz ist richtig.

Ich freue mich über Pflichtdeutschkurse auch für Mütter und vor allem über eine flächendeckende Kinderbetreuung, schon im Krippenalter. Die Vereinbarkeit von Beruf und Familie ist ein wesentlicher Bestandteil in der Emanzipation von Frauen. Ohne die Wertschätzung von arbeitenden Müttern kann es keine moderne Gesellschaft geben, und die haben wir auch hierzulande noch nicht in der Mehrheitsgesellschaft. Zwar haben herkunftsdeutsche Mütter im Durchschnitt eine höhere Bildung als türkeistämmige Mütter, aber der Mythos eines erfüllten Lebens in der traditionellen, biologischen Rolle der Frau als Mutter ist auch in der Mehrheitsgesellschaft zu finden.

In der Türkei war das Tabuthema »Zwangsverheiratung« jahrelang in Form der TV-Serie »Hayat devam ediyor« (»Das Leben geht weiter«) in allen Wohnzimmern präsent. Das Schicksal der 15-jährigen Protagonistin Hayat, die von ihrer Familie in eine Ehe mit einem 70-Jährigen gezwungen wird, beschäftigte die Zuschauer. In ländlichen Gebieten im Osten des Landes werden 37 Prozent der Frauen unter 15 Jahren zwangsverheiratet. Mit solchen Serien versuchen Filmemacher, schwierige Themen in die Familien zu bringen. Die Regisseurin der Serie ist auch als Menschenrechtlerin aktiv und möchte die Zuschauer für das Thema sensibilisieren. In einem Land, in dem konservative Politik sich solcher Probleme eher nicht annimmt, ist es besonders wichtig, dass im Alltag darüber gesprochen wird. Da viele Familien in der Türkei stundenlang vor dem Fernseher sitzen, ist das ein geeignetes Medium. Mit der Satellitenschüssel kommen diese Serien auch in die Haushalte der türkeistämmigen Familien in Deutschland. Leider sind mit der konservativen Politik in der Türkei auch die Medien konservativer geworden.

Es darf nicht vergessen werden, dass die Eltern, die ihre Kinder früh verheiraten, fest daran glauben, dass sie das Richtige für ihre Kinder und ihre Familien tun. Sie glauben, dass sie mit einer solchen Ehe ihren Kindern ein Familienglück bescheren, und fühlen sich häufig ein Leben lang für dieses Glück mitverantwortlich. Sie sehen ihre Kinder als einen Teil der ganzen Gesellschaft, der als solcher eine Bedeutung zukommt. Und da sie glauben, dass nur so Gesellschaft weiter funktioniert, halten sie daran fest. Die Angst vor dem Ehrverlust ist viel größer als all die Probleme, die solche Ehen mit sich bringen. Die romantische Liebe in der Form, wie man sie in Europa kennt, gilt vielen als unbekannter Luxus. Dass man den Partner kennenlernt, dass man vielleicht einige Jahre mit ihm zusammenlebt, bevor man heiratet, ist eine moderne Entwicklung. Und wenn man es genau nimmt, verbietet auch die katholische Kirche die Sexualität vor der Ehe. Dieses Argument wirkt heutzutage in modernen Großstädten lächerlich. In patriarchalen und traditionellen Gesellschaften kann eine solche Bestimmung jedoch durchaus von besonderer Bedeutung sein. Wenn der Dorfälteste, ein Imam oder eine andere Respektsperson mit einem solchen religiösen Argument kommt, ist dem kaum auszuweichen. Und es wird nicht hinterfragt, ob dies richtig ist oder nicht. Häufig wird mit der Religion argumentiert, obwohl eigentlich nur den Regeln der Tradition oder des Brauchs gefolgt wird. Strenggläubige muslimische Eltern haben mir erzählt, dass ihre Religion ihnen sagt, dass sie Sorge dafür tragen, dass ihre Kinder eine Familie gründen. Für einige Mütter ist diese Pflicht eine heilige Pflicht, und auch der Bund der Ehe und die Gründung einer Familie sind heilig für sie. Kinder übernehmen das Verhalten ihrer Eltern und geben es an ihre Kinder weiter, die einfach »funktionieren«. Das ist ein klassisches, traditionelles und hierarchisches Konzept, das absoluten Gehorsam und totale Anpassung verlangt.

Ich möchte hier die Geschichte von Sevda teilen, die ich 2017 in Köln auf einer Veranstaltung kennengelernt und ins Herz geschlossen habe. Sie hat mir ihre sehr bewegende Geschichte erzählt, und ich habe ihre Worte niedergeschrieben:

»Ich war 16 Jahre alt, als mein Vater gegen meinen Willen beschlossen hat, dass ich heiraten soll. Es war ein Nachmittag, und ich kam gerade von der Schule. Im Flur sagte mein Vater mir: ›Ich habe dich weggegeben.‹ Ich habe nicht verstanden, was er meinte, deshalb erklärte er: ›Mein Cousin, der in Deutschland lebt, hat um deine Hand angehalten. Er ist älter als ich und bis zu meiner Tür gekommen. Da konnte ich nicht ablehnen. Das gehört sich nicht. Ich habe ihm mein Wort gegeben, dass sein Sohn dich als Ehefrau bekommt.‹ Meine Mutter war dagegen, aber sie hatte nichts zu sagen. Sie war außer sich, wurde ohnmächtig, aber sie konnte an seiner Entscheidung nichts ändern. Wir lebten in einem Gecekondu-Viertel außerhalb von Kırıkkale, das ist in Anatolien. Mein Vater war sehr traditionell und seinen älteren Verwandten gegenüber immer respektvoll. Ich war geschockt. Mit 16 war ich verlobt. Mit 17 habe ich einen fremden jungen Mann geheiratet und bin nach Deutschland gekommen. Er war damals 18 Jahre alt, und wir wohnten mit seinen Eltern in einer Wohnung. Mit 18 habe ich meinen Sohn bekommen. Ich hatte in den ersten Monaten Angst vor dem Baby und habe es auch nicht gestillt. Ich war selbst noch ein Kind, hatte die Schule abgebrochen und lebte hier in Köln als Hausfrau. Nicht einmal einen Deutschkurs habe ich besucht. Als mein Sohn drei Jahre alt war, habe ich einen Zwei-Stunden-

Abend-Putzjob gehabt. Mein Mann war in der Zeit mit sich selbst beschäftigt. Wir waren weder verliebt, noch gefielen wir einander. Ich habe damals zu ihm gesagt: ›Ich kann dich verstehen, mach, was du willst.‹ Als mein Sohn etwa fünf Jahre alt war, sind wir in eine eigene Wohnung gezogen. Mein Mann war immer unterwegs, kam manchmal tagelang nicht nach Hause. Ich habe gearbeitet, meinen Sohn versorgt und den Haushalt gemacht. Als mein Sohn zehn war, bekam ich noch eine Tochter. Irgendwann hatte mein Mann eine deutsche Freundin. Er war sehr aggressiv zu der Zeit, hat mich häufig geschlagen und redete nur mit mir, wenn er Geld brauchte. Eigentlich hatte er einen Beruf gelernt, aber ich wusste nicht, ob oder wo er arbeitete und was er verdiente. Nach fast 15 Jahren Ehe wurde mir klar, dass es so nicht weitergehen kann. Ich fuhr in die Türkei zu meinen Eltern und habe gesagt, dass ich mich trennen möchte. Ich habe deutlich gemacht, dass keiner böse oder schlecht zu mir war, aber dass ich einfach so nicht mehr leben möchte. Mein Vater hat gesagt, dass eine Trennung nicht infrage kommt und dass es eine Schande für ihn wäre, wenn seine Tochter sich trennt. Ich habe meinen ganzen Mut zusammengenommen und gesagt: ›Du hast mein Leben ruiniert. Ich will dieses Leben nicht. Und du sagst immer noch, dass ich mich nicht trennen soll. Ich werde mich trennen und dir niemals verzeihen!‹ Mein Vater hat damals geschwiegen. Es hat ihn sehr getroffen. Meine Eltern wussten nicht, wie schlecht es mir in meiner Ehe ging. Ich war in all den Jahren nur zweimal in der Türkei zu Besuch bei ihnen gewesen. Während dieser Zeit habe ich keine Details erzählt. Aber jetzt war ich stark, mutig und wusste genau, dass ich so nicht mehr weiter leben wollte. Und ich habe es durchgezogen. Mein Mann ist ausgezogen, wir haben uns im Guten getrennt. Er war auch unglücklich mit mir, hatte immer wieder neue Freundinnen. Unsere Ehe hatte keinen Sinn. Seit einigen Jahren ist er mit einer Türkin, die hier geboren ist, verheiratet. Meine beiden Kinder haben sowohl zu ihrem Vater als auch zu den Großeltern hier Kontakt. Ich wollte ihnen ihre Familie nicht nehmen. Ihr Vater liebt sie, und diese Liebe ist für Kinder wichtig. Inzwischen sind meine Eltern gestorben, sie waren noch nicht sehr alt. Ich bin immer noch traurig, da ich meinen Vater sehr geliebt und zu ihm eine sehr innige Beziehung gehabt habe. Er kam noch lange in meinen Träumen zu mir. Ich habe irgendwann innerlich meinen Frieden mit ihm geschlossen. Im Nachhinein weiß ich, dass er großem Druck ausgesetzt war. In dem Vorort, wo wir damals in der Türkei gelebt hatten, sagten die Nachbarn immer zu meinen Eltern: ›Eure Tochter ist sehr hübsch. Sie wird bestimmt irgendwann abhauen und nicht gehorsam sein.‹ Oder: ›Wozu geht deine Tochter zur Schule? Es ist völlig unnötig.‹ Meine Mutter war Analphabetin, ist nie zur Schule gegangen. Mein Vater ist nur acht Jahre zur Schule gegangen. Das Gerede von Nachbarn und Verwandten hat ihn damals sehr beeinflusst. Mein Sohn ist heute 28, meine Tochter 17, und ich lebe nun schon sehr lange mit ihnen allein. Nach meiner Trennung haben sich viele Menschen von mir abgewendet. Die Männer in meiner Verwandtschaft wollten nicht, dass ihre Frauen zu mir Kontakt haben. Sie haben offen gesagt, dass sie nicht wollen, dass ihre Frau wird wie ich. Sie dachten, dass es schon einen neuen Mann in meinem Leben gibt, und haben gefragt: ›Wer ist dieser Mann, der dich so stark macht, der dir so viel Kraft gibt? Warum siehst du so glücklich und gut aus?‹ Sie konnten sich nicht vorstellen, dass ich selbst stark war. Während meiner Ehe hatte ich bewusst zugenommen, weil ich wusste, dass mein Mann dicke Frauen eklig fand. So war ich sicher, dass er mich auch körperlich nicht begehren würde. Heute habe ich all das Übergewicht abgenommen und fühle mich wohl in meiner Haut und bin zufrieden mit meinem Aussehen. Ich habe nie aufgegeben, habe immer positiv gedacht, hatte immer Hoffnung in meinem Leben. Ich habe mir professionelle Hilfe geholt, eine Therapie und eine Kur gemacht, um wieder zu mir zu finden. Ich habe immer an mich geglaubt und voller Energie in die Zukunft gesehen. Es hat mich traurig gemacht, dass auch Frauen mir mit Misstrauen und Vorurteilen begegneten. Einmal habe ich eine Bekannte im Theater getroffen. Sie fragte mich: ›Was suchst du denn hier?‹ Ich habe geantwortet: ›Und du? Was machst du hier?‹ Ihre Antwort war nur: ›Ich bin mit meinem Mann hier.‹ Ich entgegnete: ›Und ich bin mit Freunden hier.‹ Ich gebe nicht auf, bin aktiv, gesellig und unternehme viel. In einem Chor singe ich türkische Volksmusik. Es macht Spaß und gibt mir viel Energie. Mein Ex-Schwiegervater fragte mich nur: ›Willst du jetzt ein Star werden?‹ Es ist so traurig, dass all die Menschen um mich herum damals so ein negatives Bild von einer geschiedenen Frau hatten. Ich hatte das Gefühl, dass alle mein soziales Leben kontrollieren und mir vorschreiben wollten, was ich zu tun hatte. Es schien mir, dass es in ihren Augen nicht gestattet war, dass eine geschiedene, allein lebende Frau einfach nur unabhängig, selbständig, glücklich und zufrieden war. Ich bin sehr froh, dass ich all diese schwierigen Zeiten mit Geduld und dem Glauben an mich selbst überstanden habe. Meine Tochter ist heute genauso alt wie ich damals, als ich geheiratet habe. Ich möchte ihr ein freies, selbstbestimmtes und glückliches Leben bieten. Sie soll ihr Abitur machen, eine Ausbildung oder studieren, ganz wie sie es möchte. Sie kann heiraten, wann und wen sie möchte. Sie soll auf eigenen Beinen stehen und ein freies Individuum sein. Ich erziehe meinen Sohn und meine Tochter gleich, für mich ist nur wichtig, dass sie glücklich und frei sind.«

Mir gibt die Geschichte von Sevda sehr viel Hoffnung. Sie ist ein positives Beispiel dafür, dass sie trotz einer Zwangsverheiratung in jungen Jahren heute eine glückliche Frau ist. Es ist ihr gelungen, sich aus den Zwängen einer patriarchalen und traditionellen Familie zu befreien und jegliche Beleidigung, Bevormundung und Anmaßung zu überwinden. Sie ist eine sehr starke Frau, die sich gegen jegliche Unterdrückung gewehrt hat und nun ihren Kindern, insbesondere ihrer Tochter ein tolles Vorbild ist, auf das diese stolz sein kann. Sie steht auf eigenen Beinen, arbeitet, sorgt für ihre Familie und strahlt eine positive Energie aus, dass man neben ihr das Gefühl bekommt, die Sonne geht auf.

6. DIE VERLASSENE BRAUT

Warum sich Töchter nicht wehren

Noch immer werden auch in Deutschland junge Mädchen zwangsverheiratet. Eltern suchen ohne Rücksicht auf die Entwicklung und die Wünsche der Kinder innerhalb ihrer Familie oder Community nach einem Ehepartner. Warum nehmen Mädchen diese Form der Gewalt schweigend hin, warum holen sie sich keine Hilfe? Insbesondere bei jungen Frauen, die schon volljährig sind, fragt man sich, warum sie sich das gefallen lassen. Sie haben in Deutschland doch rechtliche Möglichkeiten, es gibt geschützte Einrichtungen und finanzielle Unterstützungen.

Medien schätzen die Zahl der Zwangsverheiratungen in Deutschland auf 30 000 pro Jahr. Eine erschreckende Zahl, auch wenn man hinzufügen muss, dass es hierzu weder Statistiken noch Studien gibt. Betroffen sind einerseits junge Menschen, die hier leben und nach der Tradition der Heimat der Eltern eine Ehe eingehen, andererseits handelt es sich um Ehepartner, die aus der ursprünglichen Heimat »importiert« werden.

Im Rahmen einer bundesweiten Studie des Familienministeriums wurden im Zeitraum von 2009 bis 2010 von Zwangsverheiratung betroffene Menschen untersucht, die in Schutz- und Beratungseinrichtungen Hilfe gesucht haben. Insgesamt wurden im Jahr 2008 in 830 Einrichtungen 3443 Personen beraten. Für

2009 wurden in 100 Einrichtungen weitere Fälle dokumentiert. Die Ergebnisse dieser Analysen zeigen, dass fast alle Ratsuchenden einen Migrationshintergrund hatten. Ein Drittel waren in Deutschland, über 20 Prozent in der Türkei geboren. Insgesamt waren fast die Hälfte aller Ratsuchenden Türkeistämmige (44 Prozent). Es ist auch dann ein relevantes Thema in der türkeistämmigen Community, wenn diese Betroffenen auch nur einen kleinen Teil der gesamten türkeistämmigen Bevölkerung ausmachen.

Laut einer vom Bundesministerium für Familie, Senioren, Frauen und Jugend im Jahr 2007 beauftragten bundesweiten Befragung gaben 46 Prozent der 15- bis 21-jährigen türkischen Frauen an, dass sie eventuell bereit wären, einen Mann aus der Türkei zu heiraten. Die Hälfte der befragten verheirateten Frauen sagte, dass der Partner von der Verwandtschaft ausgesucht wurde. Interessant dabei: Diese jungen Mädchen sind zu einem Großteil in Deutschland geboren und aufgewachsen. Das Heiratsverhalten zeigt die Bindung zur Heimat der Eltern und hiesigen Familie, auch wenn die Mädchen bereits volljährig sind und die Migration der Zuwanderer aus der Türkei zu der Zeit bereits vor über 40 Jahre begann. Man erkennt, wie mächtig die gesellschaftlichen Bedingungen und emotionalen Abhängigkeiten sind. Nach dieser Studie zu urteilen, hat fast die Hälfte der Mädchen mit der Erziehung die Werte, Familienstrukturen und Denkweisen ihrer Familien übernommen oder ist gewillt, sie zuzulassen. Wenn wir uns fragen, warum auch volljährige Frauen sich nicht gegen Zwangsverheiratungen wehren oder in arrangierte Ehen einwilligen, aber nicht ihre Rechte einfordern, liegt in diesem Frauenbild die Antwort.

Die Familie ist der Kern der Gesellschaft. Jede Veränderung innerhalb dieses kleinen Kosmos hat im Großen Auswirkungen auf gesellschaftliche Ereignisse. In zahlreichen deutschen Großstädten liegt der Anteil der Kinder unter sieben Jahren mit einem Migrationshintergrund inzwischen bei 30 bis 50 Prozent. Sie benötigen Vorbilder und Mentoren. Es ist leider eine Illusion, dass allein durch Bildung ein gesellschaftlicher Aufstieg möglich ist. Die Realität ist eine andere. Aktuelle Studien zeigen, dass Bildung vorhandene Netzwerke oder Kontakte der Eltern oder Privilegien durch Herkunft nicht ersetzen kann. Durch einzelne Alphabetisierungskurse, Angebote zur Hausaufgabenhilfe oder auch zur Freizeitgestaltung kann das Zusammenleben vor Ort komfortabler gestaltet werden, was sich positiv auf die Motivation der jungen Menschen vor Ort auswirken dürfte. Es ist wichtig, dass gerade junge Menschen einen Sinn in ihrem Leben und eine Chance auf Erfolg und Anerkennung sehen. Hierzu werden glaubwürdige Vorbilder benötigt. Natürlich gibt es erfolgreiche deutsche Vorbilder in Politik, Wirtschaft und Kultur. Aber für die türkische Bevölkerung sind diese Vorbilder zu weit weg. Nichts verbindet sie mit Menschen, die in privilegierten Vierteln leben und eventuell Kinder von Akademikern sind. Die Berührungsängste auf beiden Seiten sind zu groß. Daher sind die Personen vor Ort wichtig, die die Veränderung in den Stadtteil bringen und eine Chance auf Mitgestaltung bieten. Eine Frau, die zu einem Alphabetisierungskurs kommt, wird langfristig ihre Tochter oder auch ihre Nachbarin positiv beeinflussen. Ein Freizeitangebot für Kinder wird sie von der Straße holen. Ja, die ersten Teilnehmer zu bekommen, ist die größte Herausforderung. Alles Weitere erledigt sich – so zeigt die Erfahrung – zumeist von selbst und es gibt viele kleine Entwicklungen in winzigen Schritten, aber langfristig verändert sich eine Gesellschaft von innen und das ist die größte Herausforderung.

Für alle Migranten ist die Bedeutung von Familie in der Fremde schon immer sehr groß gewesen, sie ist ein sicherer

Rückzugsort in Krisenzeiten. Zahlen belegen, dass sowohl in der Generation der Gastarbeiter wie auch in den darauffolgenden Generationen die Familie für türkeistämmige Migranten wichtig war, insbesondere für Menschen aus dörflichen Regionen. Wenn diese Bedeutung im Laufe der Zeit auch abgenommen hat, sind bestimmte Entwicklungen innerhalb der Familie geblieben. Diese familiären Strukturen, die auch junge Mädchen nicht überwinden können, sind ein Grund für Zwangsverheiratungen bzw. frühe oder arrangierte Ehen, denn die Verwandten in der Heimat erhoffen sich durch eine Heirat nach Deutschland einen finanziellen Aufstieg. Auch junge Männer heiraten gern ins Ausland und entgehen damit dem Militärdienst. Die Konflikte, die durch ein mitgebrachtes traditionelles Rollenbild der Frauen entstehen, sind programmiert.

Als Beraterin habe ich in sozialen Projekten viele junge Mädchen und ihre Familien kennengelernt und betreut. Sie erzählten von ihren Lebensbedingungen und Ängsten, aber auch von ihren Wünschen und Hoffnungen. Fast die Hälfte der jungen Mädchen betonte, dass eines ihrer Lebensziele heiraten und eine Familie gründen sei. Auf mehrfache Nachfrage wurde deutlich, dass es die Möglichkeit, allein zu wohnen oder einen Freund zu haben, nicht gab. Der Wunsch nach Heirat war also insgeheim der Wunsch nach Unabhängigkeit von den Eltern. Die Illusion, mit dem Ehemann freier zu leben, zerschlägt sich, wenn dieser aus der Heimat der Eltern oder sogar aus dem traditionellen Milieu der Verwandtschaft oder dem Bekanntenkreis der Eltern stammt.

In den Medien erscheint häufig das Bild der unterdrückten, Kopftuch tragenden Tochter. Und tatsächlich, es gibt solche Mädchen. Jedoch ist es bedauerlich, wenn diese Minderheit als Mehrheit oder sogar Normalität unter den Migrantinnen dargestellt wird. Natürlich kommen die freien und selbstbewussten jungen Mädchen aus gebildeten Familien nicht in unsere sozialen Projekte oder Beratungseinrichtungen. Sie leben bereits gut integriert als ein Teil der Gesellschaft. Dieser Teil der Migration wird häufig ausgeklammert, während nur der Problemteil überbetont wahrgenommen wird. Die Titelseiten sind dann gefüllt, wenn ein sogenannter »Ehrenmord« geschieht, wenn eine Tochter, die gegen ihren Willen verheiratet wurde, nach einigen Jahren aus dieser Ehe ausbrechen möchte und deshalb hingerichtet wird, wenn Familienclans in ihrer Parallelwelt Selbstjustiz ausüben und die Nachbarschaft applaudiert. Natürlich ist das eine unmenschliche Tat, ein Mord, für den der Täter und die Familie, die dahintersteckt, die härteste Strafe bekommen sollten. Aber die eigentliche Frage muss lauten: Wie konnte es so weit kommen? Warum gehen Mädchen, die den Weg in die Freiheit geschafft haben, immer wieder zu ihrer Familie zurück? Warum halten sie an der Hoffnung fest, dass es eine Versöhnung geben kann? Wir müssen versuchen, die Gedanken und Gefühle der jungen Frauen und ihre Hilflosigkeit zu verstehen und mit diesem Wissen ihnen individuelle Hilfe geben.

Hinter solch einer Tat verbergen sich Familienschicksale und jahrelange Krisen. Hatun Sürücü wurde von den Brüdern aus dem Haus gelockt und kaltblütig erschossen. Morsal Obedi wurde von ihrem Bruder ebenso kaltblütig erstochen. Warum vertrauen die jungen Frauen ihren Familienmitgliedern, obwohl sie zu Hause bereits viel Leid und harte Bestrafungen für ihr Verhalten ertragen mussten?

Ich habe Rania, eine junge Frau aus Afghanistan, beraten, die völlig verzweifelt darüber war, dass ihre Eltern von ihr verlangten, einen Cousin aus Afghanistan zu heiraten. Ihre Mutter hatte zu ihr gesagt, sie würde sich das Leben nehmen, sollte

Rania diese Ehe ablehnen. Rania stand kurz vor dem Abitur und würde in wenigen Monaten volljährig sein. Ich versuchte, sie zu beruhigen, und überlegte sehr lange, was ich ihr raten sollte. Ich sprach mit ihr über die Schule und ihre Zukunft, Rania wollte nach dem Abitur studieren. Sie war eine intelligente, sehr kluge junge Frau, hatte aber keinen eigenen Willen und auch nicht die Kraft, der Familie den Rücken zu kehren. Sie sagte deutlich, dass sie in Frieden leben wolle. Irgendwann war uns beiden klar, dass entweder ihre Mutter sterben oder sie langsam in einer unglücklichen Ehe zugrunde gehen werde. In jedem Fall stünde am Ende ein Opfer, eine Frau. Durch ihre Auseinandersetzung mit dem Thema und die emotionslose Aussage, dass es ein Opfer braucht, konnte Rania die Kraft schöpfen, sich gegen diese Ehe zu wehren, wobei sie ihren Eltern klarmachte, dass sie nicht prinzipiell gegen eine Heirat sei. Ihrer Mutter sagte sie, dass sie weder eine tote Mutter noch eine unglückliche Ehe möchte. Das Thema wurde zunächst verschoben und sie konnte ihr Studium beginnen. Ich weiß, dass dies keine optimale Lösung fürs Leben war. Aber es war ein erster Schritt, mit dem das Mädchen Zeit gewann und sich entwickeln konnte. Es ist sehr mühsam, gegen diese einengenden familiären Strukturen zu kämpfen, aber es bedarf individueller Lösungen. Das Wichtigste ist, die Mädchen zu stärken und selbstbewusst zu machen. Nur dann haben sie eine Chance, sich zu wehren und ihren Willen zu formulieren. Die Entscheidungen müssen die jungen Frauen selbst treffen und dahinterstehen.

Jeder Mensch benötigt eine Familie, ein Zuhause, das ihm Schutz, Geborgenheit und Sicherheit bietet. Junge Frauen, die von Zwangsverheiratung bedroht sind, tun sich schwer, ihren Eltern und Geschwistern für immer den Rücken zu kehren und völlig isoliert ein neues Leben zu beginnen. Sie haben Angst vor der Ungewissheit. Mit ihrer Familie verlieren sie einen wichtigen Teil ihrer Geschichte. Wenn sie einmal ausgebrochen sind und »Schande« über die Familie gebracht haben, können sie nicht mehr zurück. Und aufgrund ihrer strengen Erziehung haben die Mädchen häufig ein schlechtes Gewissen. Sie sind in diesen Familien sozialisiert worden, haben hier bestimmte Rollen eingenommen, die für sie vorgesehen waren. Doch sie wollen ausbrechen, im Westen ankommen und ein selbstbestimmtes Leben mit allen Freiheiten führen, die ihnen laut Gesetz und liberalem Umfeld in Schule, Beruf oder Freundeskreis zustehen. Zu Hause gelten strenge Regeln, während sie auf der Straße, im Fernsehen oder im Berufsalltag täglich andere Lebensmodelle erleben. Und die Mädchen stellen fest, dass es sich um »ganz normale junge Frauen« handelt, die frei über ihr Leben entscheiden, und dass sie »ganz normale« Berufe ausüben und sie – anders, als es ihnen zu Hause vermittelt wird – keine »Prostituierte« sind. Die jungen Mädchen sind bereit, einen individuellen Mittelweg zu finden, auf dem es zwar Einschränkungen, aber eben auch Freiheiten gibt. »Ich lebe in Anatolien. Mitten in Deutschland lebe ich in Anatolien. Meine Familie ist Anatolien … Ich habe einfach keine andere Wahl«, schreibt Sengül Obinger, die einen Mordversuch ihres Exmannes überlebt hat, in ihrem Buch »Löwinnenherz«. Sie konnte nicht den Weg gehen, den sie wollte, musste sich immer wieder unterordnen. Dieses Unterordnen ist für viele junge Frauen auch heute noch gelebter Alltag.

Familien, in denen dies geschieht, entstammen selbst häufig armen Bauernfamilien, die in der Heimat noch in feudalen Strukturen leben. In manchen kurdischen Gebieten in der Türkei werden Töchter nicht mitgezählt, wenn nach der Kinderzahl gefragt wird. Schwiegertöchter dürfen nicht in Sichtweite des Schwiegervaters geraten, wenn sie schwanger sind. Es gehört sich nicht, zu zeigen, dass man Sex gehabt hat. Manche Braut traut sich auch erst in die Öffentlichkeit, wenn sie einen Sohn geboren hat. Extremfälle aus Anatolien, die es auch in Deutschland gibt. In solchen Verhältnissen aufgewachsen, sind viele Frauen, auch wenn sie volljährig sind, emotional von der Familie abhängig. Erst in der vierten oder fünften Generation können sich diese Menschen öffnen, aber auch hier sind immer noch finanzielle Mittel und Netzwerke von Bedeutung. Denn völlig allein schaffen es die Mädchen nach wie vor nicht.

Eine unglückliche Beziehung ist für Frauen in streng patriarchalen Familien kein Grund für eine Trennung, sie wird auch heute noch als normaler Alltag hingenommen. Psychische und physische Gewalt in Maßen, aber auch das Fremdgehen oder die Spielsucht des Mannes sind ebenfalls keine Trennungsgründe, sondern typisch männliche Schwächen, die es auszuhalten gilt. Erst wenn die Situation eskaliert, wenn vom Partner massive Lebensgefahr ausgeht oder die Frau kurz vor einem Nervenzusammenbruch steht, werden Vertrauenspersonen um Rat gefragt. Meist ist es dann zu spät. Es ist die eigene Hilflosigkeit und Passivität, die Frauen daran hindert, viel früher nach Hilfe und Rat zu suchen. Die Frauen schämen sich, sich zu zeigen und ihre unerträgliche Situation zu benennen. Insbesondere wenn Kinder im Spiel sind, erhöht sich die Belastung der Frauen, die ihrem Kind ein gutes Zuhause mit Vater und Mutter bieten wollen. Sie wollen die Idylle einer funktionierenden Familie aufrechterhalten, und nichts ist für sie schlimmer als eine Scheidung. Viele Frauen sagten mir in Beratungsgesprächen, dass sie lieber sterben wollten, als sich zu trennen, denn die Ungewissheit über das Danach bereite ihnen große Angst. Hätten solche Familien Kontakte zu Patchwork-Familien oder alleinlebenden Frauen, könnten sie ein Stück freier Normalität erleben. Verschiedene

Lebensentwürfe, in denen Menschen ihre Alltagssorgen anders bewältigen, würden auch zu neuen Ideen anregen.

Während viele Mädchen mit türkischen Wurzeln die Vorteile ihrer Herkunft sprachlich und kulturell nutzen, in beiden Kulturen leben und eine Vielzahl an Reisemöglichkeiten und einen großen Freundeskreis genießen, leben Mädchen aus streng traditionellen Elternhäusern abgeschottet. Matthias Deiß und Jo Goll schreiben in ihrem Buch »Ehrenmord – Ein deutsches Schicksal«: »Sie sind zerrissen zwischen deutscher und türkischer Kultur, den traditionellen Vorstellungen ihrer Eltern, die so gar nicht mit dem zusammenpassen, was die Mädchen bei ihren deutschen Freundinnen oder im Fernsehen mitbekommen. Aber nur die wenigsten schaffen es, sich von ihren Familien zu lösen. Die meisten fügen sich, bleiben am Ende in ihren Strukturen oder werden depressiv. Einige bringen sich um.« Hatun Sürücü war ein solches Mädchen. Sie musste die 8. Klasse verlassen, um ihren Cousin zu heiraten, die Familie hatte es beschlossen. Mit der frühen Heirat war sichergestellt, dass die Tochter als Jungfrau in die Ehe ging, und die Ehre der Familie war geschützt. In vielen Dörfern Ostanatoliens sind solche Familienentscheidungen seit Generationen bis heute üblich. Hatun Sürücü kam aus einer elfköpfigen Familie, die streng nach islamischer Tradition und Religion lebte. Ihr Weg »raus aus dem beengenden Umfeld ihrer Großfamilie, aus althergebrachten Traditionen, die für sie ein Leben als Mutter, Haushälterin, Gläubige und Ehefrau vorsahen«, war sehr steinig, sie musste mit der Verachtung und dem Hass der Familie leben. Die Interviews, die Deiß und Goll mit den Familienmitgliedern nach ihrem Tod führten, verdeutlichen den Hass und die Wut auf Hatun Sürücü. Dieses Hin-und-her-gerissen-Sein macht die jungen Frauen krank. In der deutschen Gesellschaft gelten sie als bemitleidenswerte Opfer, sie schämen sich für ihre Situation, entwickeln aber auch eine Wut auf diejenigen, die dumme und beleidigende Kommentare über ihre Familienverhältnisse von sich geben.

Unser Grundgesetz fordert ausdrücklich die Gleichbehandlung der Geschlechter. Mitglieder patriarchalisch geprägter konservativer Gesellschaften haben ihre eigenen religiösen oder traditionellen Clan-Gesetze. Zwar leben sie hier, geistig sind sie aber der alten Dorfstruktur verhaftet. Sozialpolitisch und wohnungstechnisch war es ein großer Fehler, sie all die Jahre in bestimmten Ghettos im Familienclan wohnen zu lassen und auch ähnlichen Familien an demselben Ort Wohnraum zur Verfügung zu stellen. Dass Gesellschaft einem Wandel unterliegt und dass im Laufe der Zeit Randgruppen ein Problem für alle darstellen, wurde lange Zeit ignoriert. Nun sind diese ungebildeten Menschen über Jahrzehnte hier geblieben, sesshaft geworden, haben Kinder bekommen und sie mit ihrem Weltbild und ihren Werten erzogen. Diese Werte entstammen zum Teil einem totalitären Weltbild, das alle Familienmitglieder dem männlichen Oberhaupt unterordnet. Gewalt und Machtansprüche, die sich gegen junge Mädchen richten, sind im Grunde ein Angriff auf unser hiesiges Wertesystem, das eine lange europäische Tradition hat und auch erst im Laufe der Zeit mit viel Kampf und Auflehnung derart liberale Inhalte bekam.

Da es die Mehrheitsgesellschaft nicht betraf, wurde in der Politik wie auch in der Gesellschaft bei familiären Konflikten jahrelang weggeguckt. Dass auch diese unterdrückten Frauen ohne Schulbildung nach hiesigen Gesetzen Rechte und Freiheiten haben, wurde ignoriert. Vielleicht war es für Außenstehende nicht von Bedeutung, solange die Frauen nur Putzarbeiten und Hilfstätigkeiten verrichteten. Sie lebten in ihrer Welt und waren in der Öffentlichkeit unsichtbar. Mit den jungen Mädchen, die nun Ausbildungen absolvieren und um einen Platz in der Gesellschaft kämpfen, werden die Schicksale nun öffentlich wahrgenommen. Ich habe viele junge Mädchen beraten und betreut, und immer wieder war ich erschüttert, wenn sie von ihrem Leben berichteten, von ihren Erlebnissen in den Familien und dem Umgang mit ihnen in der Mehrheitsgesellschaft. Viele waren sehr traurig, nur als Musliminnen gesehen zu werden. Sie fühlten sich häufig als Europäerinnen und identifizierten sich stark mit Deutschland, auch wenn sie diese Identifizierung zu Hause auch nicht ausleben konnten. Aber in der öffentlichen Wahrnehmung wurden sie auf die Religion reduziert, auch dann, wenn sie gar nicht streng gläubig waren und kein Kopftuch trugen. Sehr viele junge türkische Mädchen erzählten mir, dass sie kaum noch einen Bezug zum Islam hätten. Es tat ihnen sehr weh, auf den Glauben reduziert und dadurch ausgeschlossen zu werden. Ihr täglicher Kampf gilt dem Dazugehören. Indem sie auf den Islam und die Andersartigkeit reduziert wurden, hatten sie noch weniger Chancen, auszubrechen. Wohin auch? Ihre traditionelle Familie wollten sie nicht, aber in die moderne Mehrheitsgesellschaft konnten sie nicht.

Viele junge Migrantinnen aus patriarchalen und traditionellen Familien wachsen mit den Weltanschauungen der Eltern und deren Realität auf. Zwar lernen und erleben sie in Deutschland völlig andere Dinge und sehen die Widersprüche zwischen beiden Welten, aber es fällt ihnen schwer, eine Balance zu finden oder ihren Familien endgültig den Rücken zu kehren. Es passiert leider auch sehr häufig, dass Frauen diese strengen Werte so sehr verinnerlicht haben, dass sie glauben sich dadurch Ansehen zu verschaffen, indem sie anderen Frauen in den Rücken fallen und mit allen Mitteln den Kampf einer einzelnen Frau um Unabhängigkeit und Freiheit erschweren. Manchmal nur durch Gerede und psychischen, nicht selten aber auch durch einen Verrat der geheimen Absichten solcher Frauen, die nach Emanzipation streben. Diese kranken Strukturen müssen durch Bildung, Aufklärung und Gesetze zerschlagen werden, damit es eine Veränderung geben kann.

Viele der jungen Migrantinnen haben selbst Kinder. Im Streit- oder Trennungsfall kommt es nicht selten vor, dass sie sich von ihren Männern und deren Familien anhören müssen, sie könnten ja gehen und frei leben – unter der Bedingung, die Kinder dazulassen. In allen Gesellschaften sind Kinder ein beliebtes Druckmittel. Und das gilt umso mehr, da viele Migrantinnen wissen, dass sie in der deutschen Mehrheitsgesellschaft auch keinen guten Platz finden, wenn sie nicht über eine gewisse Bildung oder finanzielle Mittel verfügen. Ich habe viele Frauen beraten, die gesagt haben, sie wollten lieber in den traditionellen Familien mit einem gewissen Ansehen in ihrem Umfeld leben, als die Rolle eines Opfers zu übernehmen, das bemitleidet wird, ausgebrochen ist und sich dann in einer neuen Gesellschaft ein neues Leben aufbauen muss. Vielleicht wäre es gar nicht so schwierig und schlimm, würden sie den Schritt wagen; aber die Angst und Ungewissheit hindert viele Frauen. Deshalb bleiben sie in der gewohnten Struktur und versuchen, sich mit Lügen und diplomatischen Tricks kleine Freiheiten zu erkämpfen. Diese Strategie ist nicht zu unterschätzen, denn genau damit ebnen viele Frauen den Weg für Freiheiten, in deren Genuss eines Tages ihre Töchter kommen werden. Sie ertragen das Leid und die Unterdrückung in der Hoffnung, dass es ihren Kindern irgendwann besser ergehen wird.

In Deutschland ist es völlig normal, dass Frauen ein selbstbestimmtes Leben führen. Sie studieren oder absolvieren eine Berufsausbildung, bevor sie sich einen geeigneten Partner suchen. Dass sich Mädchen jedoch mit 16 oder 17 Jahren fest binden, in einem Alter also, in dem sie selbst fast noch Kinder sind, geschieht extrem selten. Für Töchter aus strengen türkeistämmigen Elternhäusern ist dies häufig nicht zu vermeiden. Sie haben Angst, allein zu sein, alles zu verlieren, wenn sie den Familien den Rücken kehren. Und den Familien ist meist gar nicht bewusst, dass sie ihre Töchter ins Unglück stürzen. Für ihre Töchter wünschen sie sich alles das, was sie unter einem »guten Leben« verstehen: einen Ehemann, viele Kinder, ein schönes Leben als Gattin und liebevolle Mutter. Viele Mütter sähen es als eine Schande an, wenn ihre Töchter verschiedene Sexualpartner hätten, und sie können nicht nachvollziehen, dass ihre Töchter ein völlig anderes Frauenbild haben und die Erfahrung mit verschiedenen Männern für sie als ein Zeichen von Freiheit und Selbstbestimmung gilt. Solche Frauen werde als »Huren« angesehen, die sich von »Männern ausnutzen lassen«, sie leben allein, weil kein Mann eine »wertlose« Frau heiraten will, die für jeden zu haben ist. Ich habe vielen Müttern immer wieder erklären müssen, dass ihre Kinder auch als Singles glücklich in der Großstadt leben können, wenn sie auf eigenen Füßen stehen und für sich sorgen. Doch es ist schwierig, Sachverhalte zu verstehen, die man für unlogisch hält. Viele dieser Frauen konnten z. B. auch nicht begreifen, wie man als alleinerziehende Frau überhaupt leben kann. Sie fragten immer wieder danach, wie eine Existenz ohne Mann zu bewerkstelligen sei, und sie bemitleideten die Kinder solcher Mütter, die sie als »arme Waisenkinder« bezeichneten. Dass getrennt lebende Menschen gemeinsam ein Kind erziehen können oder dass das Kind zu beiden Elternteilen Kontakt pflegen kann, war für sie unbegreiflich. Aus der Heimat und dem eigenen Umfeld kannten sie nur Trennungen, bei denen die Frauen ihre Freiheit mit dem Zurücklassen ihrer Kinder bei der

Familie des Mannes bezahlen mussten. Solchen Frauen das hiesige System und die Rechte der Frauen zu erklären, erfordert viel Zeit und Geduld. Insbesondere für strenggläubige Frauen sind die Worte des religiösen Oberhauptes ihrer Moschee Gesetz. In ihren Augen ist eine Scheidung oder Trennung für die Kinder das Schlimmste, weil ihnen der Imam das erzählt. Dass Frauen nach einer Trennung nicht mit ihren Kindern allein und Kinder ohne Vater im Haushalt auch keine Waisenkinder sind, können sie nicht verstehen. Noch weniger begreifen sie, dass unglückliche oder gewalttätige Beziehungen auch bei Kindern langfristig zu Depressionen führen können.

Mittlerweile gibt es auch in Deutschland viele weibliche Imame, die unterschiedlich streng predigen bzw. beraten, wenn Frauen mit familiären Problemen zu ihnen kommen. Sie werden etwa zu Rate gezogen, wenn Eltern mit ihren Kindern Konflikte haben. In Gesprächen mit jungen Frauen und ihren Müttern wurden mir immer wieder Aussagen von religiösen Beratern oder älteren Respektspersonen zitiert. Die Religion gibt der streng traditionellen Denk- und Lebensweise eine Legitimation. Die Strukturen sind von Gott gegeben und deshalb nicht zu hinterfragen. Viele Mädchen trauen sich nicht zu äußern, dass sie über die Entscheidung zu einer Ehe unglücklich sind, weil sie Angst haben, geächtet zu werden. Auch trauen sie sich nicht, sich gegen so starke, religiöse Argumente zu wehren. Häufig stellen sich auch ältere Geschwister gegen sie, so dass sie mit ihrer Sichtweise völlig allein sind.

Ein Kind entwickelt sich gut, wenn seine Eltern hinter ihm stehen und wenn es Kind sein darf. Es wird erfolgreich und glücklich, wenn es wertgeschätzt und sein Glück zugelassen wird. Viele Mädchen aus bildungsfernen, sehr traditionellen Familien können keinen Sinn darin erkennen, sich ausbilden zu lassen, einen Beruf zu ergreifen oder ein Studium zu beginnen, da ihre Familien sie erst dann loben, wenn endlich die opulente Hochzeit gefeiert wird. Wer braucht da noch ein Diplom? Doch genau diese frühe Heirat wird von der Mehrheitsgesellschaft belächelt. Die Mädchen befinden sich in einer Zwickmühle und verzweifeln. Gut ausgebildete junge Frauen müssen hingegen von ihren Verwandten und Bekannten immer wieder die Frage ertragen, warum sie mit Mitte 20 noch immer Singles sind. In Ehre-und-Schande-Gesellschaften dörflicher Natur schämen sich alle für solche Fragen, weil sie mit Verlust des Ansehens der Familie verbunden sind.

2011 ging das Thema suizidgefährdeter junger türkischer Frauen durch die Medien. Eine Studie der Charité Berlin beschrieb deren Notsituation, Studien der Psychiatrischen Klinik in Basel präsentierten ähnliche Bilder für die Schweiz. In der Altersgruppe der 20- bis 24-jährigen Frauen tragen türkischstämmige Frauen ein drei- bis viermal so hohes Suizidrisiko. Dies ist für Europa eher ungewöhnlich, da gerade diese Altersgruppe eigentlich als besonders optimistisch gilt. Als Gründe für das Verhalten der »Türkinnen« werden »enormer kultureller und familiärer Druck« und Beziehungs- oder Generationsprobleme genannt. Die Mädchen erhalten zu Hause eine strenge Erziehung, die von ihnen verlangt, sich an die klassischen, traditionellen Geschlechterrollen zu halten und sich den Familien unterzuordnen. In der Schule, im Freundeskreis oder im Beruf werden sie aber mit völlig anderen Rollenbildern konfrontiert. Andere junge, moderne Frauen versuchen sich selbst zu verwirklichen, leben frei und selbstbestimmt. Dahinter stehen immer dieselben Gründe: Die Mädchen wollen einerseits ausbrechen, sind aber emotional nicht stark und unabhängig genug, sie wollen auch loyale Kinder sein. Sie verzweifeln an diesem Spagat, und vielen gelingt es nicht, einen Platz in der Gesellschaft zu finden, mit dem sie zufrieden sind. In dieser ausweglosen Situation wollen sie sich das Leben nehmen. Eine kultursensible Beratung und Therapie sind gefragt, die den Mädchen Hilfe bieten können. Nicht wenige kulturfremde Berater und Therapeuten sind, da sie das Problem nicht erkennen, überfordert. Die Aussage »Du bist doch volljährig, keiner kann dir etwas verbieten« ist für ein solches Mädchen wie ein zweiter Schlag ins Gesicht, denn hier sehen sie, dass weder die Eltern und Familie noch Außenstehende helfen können. Ich habe in den sozialen Projekten, in denen ich tätig war, viele junge Mädchen betreut, die aus Scham mit ihren Problemen nicht zu kulturfremden Beratern und Therapeuten gehen wollten. »Die werden über mich lachen, unsere Probleme sind echt peinlich«, sagte mir ein Mädchen, das nach der Schule nicht mit ihren Klassenkameraden ins Kino gehen durfte, weil auch Jungs dabei waren. Es klingt befremdlich, aber ein solches Problem macht den jungen Frauen das Leben schwer, denn ihre Mütter erachten ihr Schicksal und solche Verbote als normal. Es wäre schon ein großer Schritt, wenn die Mädchen ihre Mütter oder ältere Schwestern als Verbündete hätten.

Zwangsverheiratung und das Recht auf freie Partnerwahl sind Themen der Aufklärungsarbeit der Beauftragten für Migration, Flüchtlinge und Integration der Bundesregierung. Verschiedene Projekte der EU, aber auch von Bund und Ländern arbeiten an der Gleichstellung und Gleichberechtigung von Frauen und Mädchen in der Gesellschaft. Es geht um die Ächtung von Gewalt, um die Gleichstellung in der Familie, um die Gleichheit der Chancen auf Bildung, Ausbildung und Arbeit. Spezielle Projekte werden gefördert, die insbesondere für Frauen aus traditionellen Familien den Zugang zu Berufen erleichtern sollen. Diese Aktivitäten sind sehr lobenswert, sie können aber nur langfristig fruchten. Da solche Projekte bekanntermaßen nach einer gewissen Zeit nicht mehr weiter gefördert werden, ist zum einen die Anlaufphase entscheidend. Zum andern sollte man versuchen, möglichst viele Verbündete zu gewinnen, die im Stadtteil, in der Schule, in der Familie oder in Einrichtungen auch dann noch an den Zielen der Projekte arbeiten, wenn diese schon ausgelaufen sind. In den letzten Jahren gab es viele sogenannte Mentorenprojekte, die mit der Idee des Vorbilds und der Einzelbetreuung arbeiten. Solche sehr persönlichen Projekte halte ich für sinnvoll und nachhaltig, da die betreuten Mädchen nicht in der Masse untergehen, sondern die Chance bekommen, an sich und ihrer Zukunft zu arbeiten. Nur in kleinen, sich stabil entwickelnden Schritten können Veränderungen stattfinden. Und es darf nicht vergessen werden, dass auch die Familien mit ins Boot geholt werden müssen. Bildung und Ausbildung können nur fruchten, wenn die ganze Familie hinter den Kindern steht und sie auf ihrem Weg unterstützt. Nur wenn es Verbündete auf allen Ebenen gibt, kann langfristig etwas verändert werden. Die Mädchen müssen gefördert werden, die Familien aufgeklärt und gefordert. Deshalb ist auch der Pflicht-Integrations-Sprachkurs für Zuwanderer ein richtiger Schritt, insbesondere bei jungen Menschen. Auch Migrantinnenvereine, die liberales Denken und freies Handeln unterstützen und für die Rechte der eigenen Community kämpfen, sind starke Verbündete im Kampf gegen patriarchale Strukturen. In geschützten Räumen können Frauen hier frei über ihre Probleme sprechen. Der Austausch mit anderen Frauen macht sie stark und hilft ihnen, den Eltern zu widersprechen oder kleine Freiheiten auszuhandeln. Solchen Vereinen müsste viel mehr Geld zur Verfügung stehen. Doch leider scheitert die Beantragung von Hilfsmitteln häufig an den komplizierten Bewerbungsverfahren. Auch Aktivitäten wie etwa eine gemeinsame Reise öffnen den Frauen neue Wege. Was vielen unter ihnen allein nicht möglich wäre, gelingt in der Gruppe.

Bereits in den 1980er-Jahren beschrieb die Autorin Saliha Scheinhardt die Situation türkischer Frauen in ihrer Heimat und in Deutschland, etwa in den Büchern »Frauen, die sterben, ohne dass sie gelebt hätten« (1983) oder »Und die Frauen weinten Blut« (1985). In ihrem Buch »Träne für Träne werde ich heimzahlen«, das im Jahr 1987 erschien, schildert sie, was es heißt, als Frau in Anatolien geboren zu werden – als ein Mensch ohne Wert. Es ist eine düstere, bedrückende und einengende Welt, in der die Frauen leben. Der Alltag ist von Religion und Tradition geprägt; klassische Rollenverteilungen und männliche Dominanz strukturieren das ländliche Leben. Dass es heute in Europa immer noch Frauen gibt, deren Lebenssituation den Schilderungen dieser Bücher entspricht, ist erschütternd. Aber diese Generation lebt noch und gibt ihren Lebensentwurf weiter. Wenn man solche Zustände nicht kennt, kann man die Abhängigkeit und Hilflosigkeit vieler Frauen nicht verstehen. Bis heute sind Frauen finanziell und sozial von ihren Familien oder Ehemännern abhängig. Erst seit einigen Jahren gibt es in der Türkei eine Art Sozialhilfe und allgemeine medizinische Versorgung. Ohne Schulbildung und eigenes Geld ist eine unabhängige Existenz unmöglich. Diese Situation ist in Deutschland sehr selten, weil es hierzulande selbstverständlich ist, dass alle Menschen eine Schulbildung haben. Auch das Recht auf Sozialhilfe und eine Grundversorgung gibt den Menschen hierzulande eine große Unabhängigkeit von den Familien. Das ist eine Basis, die es auch Frauen ermöglicht, ein selbstbestimmtes Leben zu führen.

Viele ungebildete, arme Eltern, die in patriarchalen Strukturen in der Türkei leben, machen sich keine Gedanken darüber, wem sie ihre Tochter als Braut oder Schwiegertochter geben. Sie sehen nur die »Rettung nach Deutschland« und dass auch sie nun einen Bezug zum »gelobten Land« haben. Wenn Mädchen aus solchen Dörfern heiraten, sind sie häufig noch jung, sie sind abhängig und wissen nicht, was sie erwartet. Verläuft die Ehe unglücklich, haben sie nicht den Mut, zu ihrer Familie zurückzukehren, die Schande im Dorf wäre zu groß. Es ist also nicht allein der Ehemann, der die Frau unterdrückt und ihr eine Rolle überstülpt, sondern auch die Gesellschaft, aus der die Frau stammt. Dass dieses System nicht zu den Werten, Normen und Rechten passt, die in Deutschland gelten, muss eigentlich nicht erwähnt werden. Ein Dialog mit diesen Familien kann nur über die Themen Bildung und Entwicklung gelingen. Und Gesetze müssen klar formulieren, welches Verhalten eine Straftat bedeutet. Es ist eine große Herausforderung an die Integrationsarbeit, diese Zustände langfristig und stabil zu verändern.

Nicht selten sind es gerade die Frauen, die hier einander im Wege stehen und bestimmte gesellschaftliche Entwicklungen missbilligen. Vielleicht ist es die Unzufriedenheit über das eigene Leben, die diese Frauen daran hindert, Solidarität zu entwickeln. Viele wissen aus eigener Erfahrung, dass der Drang nach Freiheit normal und berechtigt ist, und vielleicht verspürten sie ihn auch selbst, als sie junge Mädchen waren. Aber da sie in ihrem eigenen Leben nichts ändern konnten, glauben sie nun womöglich, dass es sinnlos ist, sich um Veränderungen zu bemühen. Oder es besteht vielleicht sogar ein gewisser Neid, anderen jungen Frauen könne besser gehen. Häufig spielt auch nur die eigene Hilflosigkeit eine Rolle bei der Frage, was nun richtig ist und was falsch. Dann entscheidet einfach die Mehrheit. Mit diesem passiven und angepassten Verhalten sichern sich diese Frauen auch ein bestimmtes Ansehen. Sie steigen auf ein Podest, und die böse, aufmüpfige, nach Freiheit strebende, nicht ehrbare Frau ist besiegt, jedenfalls für den Moment. Natürlich gilt es auch zu bedenken, dass es in einer traditionellen Gesellschaft viel Kraft kostet, für eine freie, selbstbestimmte und unabhängige Frauenrolle zu kämpfen, insbesondere dann, wenn man selbst keinen Beruf erlernt hat und durch die Traditionen gefangen und wegen der Kinder finanziell und sozial vom Ehemann abhängig ist. Da kann eine stark kontrollierende Familie auch Schutz und Hilfe bieten. Klassische Rollenverteilungen sorgen für Struktur und Ordnung, Familienoberhäupter treffen Entscheidungen, für die sie dann auch verantwortlich sind. Es ist ein einfaches und bequemes Leben ohne große Verantwortung. Vielen Frauen gefällt diese Rolle; sie können sich hinter Kindern und Haushalt verstecken, andere Leistungen werden von ihnen nicht verlangt. Es gibt auch viele europäische Frauen mit modernem Erscheinungsbild, die von ihren Männern abhängig sind. Insbesondere wenn der Ehemann Alleinverdiener ist, Luxus bieten kann und die Ehefrau für Haushalt und Kindererziehung zuständig ist, ertragen auch solche Gattinnen es, wenn ihre Männer sie mit anderen Frauen betrügen oder ihnen drohen, sobald sie das Wort Trennung bzw. Scheidung aussprechen, und zwar mit Entzug der Kreditkarte, dem Verlust von Auto und Haus. Es sind patriarchale Machtstrukturen, die Frauen weltweit in untergeordnete Rollen drängen und dafür sorgen, dass sie nicht frei und selbstbestimmt leben können.

Es sind einerseits die Zwangsverheiratungen, die junge Mädchen oder Frauen hinnehmen, da sie sich nicht wehren können, sei es nun aus Angst, Schwäche, emotionaler oder finanzieller Abhängigkeit. Und andererseits die Ehen, die zwanghaft weitergeführt und ertragen werden, weil Frauen keine Alternative bzw. keinen Ausweg aus ihrer Situation sehen. Sie glauben, dass jegliche Änderung eine Verschlechterung ihrer Situation wäre.

7. DER ZWANG DER MÄNNLICHKEIT

Zur Rolle der Söhne

Zwangsverheiratung betrifft auch junge Männer in Deutschland. Und zwar dann, wenn die Eltern eine Braut aus der Heimat aussuchen und erwarten, dass der Sohn mit ihr die Ehe eingeht. Ebenso kann auch die Familie in der Heimat ihren Sohn bedrängen, die Tochter von Verwandten oder Bekannten in Deutschland oder auch anderswo in Europa zu heiraten. Laut einer Studie des Familienministeriums sind es etwa sieben Prozent der Männer, die diesbezüglich Hilfe suchen, wobei hier zu bedenken ist, dass einige auch unterstützend Hilfe und Rat für ihre Schwestern, Cousinen oder Freundinnen suchen.

Die Gründe für die Familien, ihre Söhne nach Deutschland bzw. Europa zu verheiraten, sind dieselben wie bei den Töchtern: Es geht um den Wunsch nach einem besseren Leben für die Kinder und um die Hoffnung auf den sozialen Aufstieg der ganzen Familie. Meistens gehören die Familien, aus denen die Ehepartnerin für den Sohn gewählt wird, zur näheren oder ferneren Verwandtschaft. Oder es handelt sich um Familien, mit denen man »gut bekannt« ist, oder um von Bekannten empfohlene Familien. Man gehört also zumeist derselben Community an und teilt dieselben religiösen Ansichten, konservativen Wertvorstellungen und familiären Interessen, nicht zuletzt das

Rollenverständnis von Frau und Mann. Söhne, die in der Heimat keine Perspektive haben oder den Pflichtmilitärdienst nicht absolvieren wollen, sind für solch eine Ehe offen.

Grundsätzlich sind Netzwerke und Kontakte positiv zu bewerten. Menschen tauschen sich aus, das Gefühl von Zugehörigkeit und Stabilität wächst. Durch ein solches Dazugehören oder Abgrenzen von anderen Gesellschaften oder Kulturen entstehen u.a. das Selbstwertgefühl und das Selbstbewusstsein der Mitglieder dieser Community, die so Sicherheit und Geborgenheit finden. Gesellschaften unterliegen jedoch einem Wandel, der sich in verschiedenen Ländern unterschiedlich vollzieht. So können in einer Community trotz vieler Gemeinsamkeiten auch Unterschiede entstehen. Wenn man bedenkt, dass sich die füreinander bestimmten jungen Eheleute kaum kennen und möglicherweise aus völlig unterschiedlichen Lebensräumen stammen, sind bei ihrem Aufeinandertreffen Konflikte programmiert, die ihre Eltern im Vorfeld nicht wahrnehmen können oder wollen. Junge Bräute, die nach Deutschland kommen und in traditionellen Rollenmodellen leben, sind häufig unglücklich, isoliert und ihrer sozialen Kontakte beraubt. Junge Männer, die nach Deutschland kommen und der deutschen Sprache kaum mächtig und daher auf ihre Frauen angewiesen sind, fühlen sich in ihrer Männlichkeit angegriffen. Sie sind nicht nur unglücklich und unzufrieden, in ihnen wächst auch eine Wut auf die Situation. Auch wenn Männer weniger unter der Zwangsheirat leiden, da sie mehr Freiheiten im Alltag haben als die Frauen, müssen alle sich den gesellschaftlichen Verhaltensregeln beugen, die etwa dahingehend lauten, dass Älteren nicht widersprochen werden darf oder individuelle Bedürfnisse denen der Familie oder des Clans unterzuordnen sind.

Warum machen junge Männer das mit? Warum heiraten sie in die Fremde und lassen sich von den Eltern bevormunden? Wie die Töchter sind auch die Söhne emotional von ihren Familien abhängig; und viele freuen sich trotz allem darauf, einen Aufenthaltsstatus in Europa zu haben und langfristig den sozialen Aufstieg besser als in der Heimat schaffen zu können. Häufig handelt es sich um Männer aus ländlichen Regionen mit geringer Bildung, deren Zukunftsperspektiven in der Heimat schlecht sind. Da die Familien einander kennen und sich vertrauen, freuen sie sich für ihre Kinder. Für die Familie in Deutschland ist es ein großes Glück, einen passenden Mann aus der Heimat mit – so glaubt man wenigstens – guten Manieren und den üblichen, traditionellen Werten für ihre Tochter gefunden zu haben. Denn viele Türken bevorzugen Ehepartner aus der Heimat, weil sie denken, dass diese strenger erzogen und somit in ihren Augen im Umgang mit der neuen Familie respektvoller sind. Die liberale Erziehung in der Schule und auch das freie Leben in der Gesellschaft, das offene und demokratische Länder auszeichnet und in denen Menschen viele individuelle Freiheiten genießen, ist traditionellen, strengen und patriarchal strukturierten Familien ein Dorn im Auge. Sie sehen hierin einen Verfall der Gesellschaft und vor allem der Familie. Sie haben aber auch viele Ängste vor einem Leben, das sie nicht kennen und deshalb erst einmal ablehnen.

In manchen Fällen wird ein Ehegatte aus der dörflich strukturierten Heimatregion gewählt, weil über die jungen Männer aus der eigenen Community Gerüchte kursieren, dass sie uneheliche Kinder von deutschen Frauen hätten, Drogen konsumierten oder in kriminelle Geschichten verwickelt seien. Mit der Erwartung des Manns aus der alten Heimat sind die Eltern häufig guter Dinge, sie freuen sich über die eigene gute Entscheidung, schließlich sollen die Töchter nicht diese »verdorbenen« Männer hierzulande heiraten. Somit finanzieren die Familien trotz der hohen Kosten und Belastungen die Hochzeit für das junge Ehepaar, bezahlen ihre Wohnung samt Einrichtung und versuchen, ihnen den Start ins Eheleben so gut wie möglich zu gestalten, auch wenn sich die Eltern verschulden müssen. Für ihre Kinder wollen sie nur das Beste. Allerdings haben sie ihre eigene Vorstellung davon, was das Beste oder das Glück ihrer Kinder ist.

Viele Eltern begründen eine frühe Ehe für Männer damit, dass sie es ablehnen, dass die Söhne wechselnde Sexualpartnerinnen haben. Frauen, die außerehelichen Sex haben, werden als leichte Mädchen, wenn nicht gar als Prostituierte angesehen. Solche Beziehungen müssen vermieden werden oder, wenn nicht anders möglich, zumindest geheim gehalten. Familien, die ihren muslimischen Glauben streng leben, verbieten allen ihren Kindern grundsätzlich Sexualität außerhalb der Ehe, wobei die Kontrolle der Töchter in der Praxis wesentlich strenger ausfällt als die der Söhne.

Hat ein junger Mann eine Ehe geschlossen, kann er sichergehen, dass ihn die Familie in Ruhe lässt und nicht permanent diskutiert, wann er denn eine eigene Familie gründen möchte. Die schon angedeutete Doppelmoral bleibt auch hier erhalten. Während sexuelle Erfahrungen von Männern mit deren Triebhaftigkeit entschuldigt werden, wird auf die Keuschheit der jungen Frauen ein besonders großer Wert gelegt. Sie ist das Fundament einer glücklichen Ehe mit Respekt und Ehre.

Manche Söhne sind auch zu schwach, um sich für die Frau zu entscheiden, die sie lieben, da diese nicht den Vorstellungen der Familie entspricht. Und so lassen sie es zu, mit irgendeiner Cousine zwangsverheiratet zu werden. Mehmet habe ich im Rahmen eines Jugendprojektes kennengelernt. Er war 17 und mit einem polnischen Mädchen befreundet. Er hatte mir erzählt, dass er gern mit ihr zusammenleben und sie heiraten würde, sobald beide Geld verdienten. Aber seine Eltern wollten keine »fremde« Braut. Es kam nur eine Frau infrage, die dieselbe Herkunft, Religion und Sprache mitbrachte. Als er mit seiner Mutter zum Gespräch kam, schnitten wir beiläufig dieses Thema an. Die Mutter sagte nur: »Ich rede nie wieder ein Wort mit dir und möchte dich auch nie wiedersehen, wenn die Familie von deiner Freundin erfährt.« In einem späteren Gespräch berichtete Mehmet mir von seiner Verlobung mit einer Cousine in der Heimat. Zumindest konnte er seine Ausbildung als Koch durchsetzen. Auch das wollten die Eltern nicht, weil sie diesen Beruf nicht männlich genug fanden.

Bei türkeistämmigen Migranten ist der Stellenwert einer stabilen Familie mit Kindern sehr hoch angesiedelt. Die Eltern sind stolz, wenn ihre Kinder eine Familie gründen, sie selbst Großeltern werden und das Leben in der Großfamilie genießen können. Eine hohe Anzahl an Familienmitgliedern wird als Reichtum angesehen, wobei auch hier die Söhne besonders zählen. Doch eine Familie bedeutet auch Verantwortung. Diese Verantwortung einerseits, sprachliche Hindernisse und kulturelle Unterschiede andererseits treiben etliche junge Männer, die per Familiennachzug nach Deutschland kommen, in die Verzweiflung. Sie leiden unter dem Druck, die finanzielle Last tragen, das Funktionieren der Rollenverteilung gewähren und nach außen eine starke und große Familie repräsentieren zu müssen. So groß das Leiden auch ist, viele Männer sehen keinen Ausweg aus ihrer Situation. Eine Rückkehr in die Heimat kommt nicht infrage, da die Verwandtschaft und das soziale Umfeld daheim sich über das Scheitern eines Mannes lustig machen würde – eine Schmach, die keiner erleben möchte.

Wenn auch nicht gänzlich unerfahren wie die meisten jungen Frauen, sind die Männer aber im Vergleich zu westlich geprägten Europäern relativ unbewandert, was voreheliche Beziehungen angeht. Die Chance »sich auszutoben« und dann »die richtige Frau fürs Leben« zu finden, haben sie kaum, gerade wenn sie aus Kleinstädten oder Dörfern stammen. Anders in europäischen Ländern, wo, wie schon erwähnt, heimliche »verbotene« Beziehungen zu Frauen außerhalb der eigenen Community möglich sind und häufig sogar geduldet werden, da etliche Familien die Erfahrungen mit »unreinen« oder »wertlosen« Frauen nicht ernst nehmen. Geheiratet wird letztendlich eine Braut aus der Heimat oder der eigenen Community, die die erwarteten Traditionen und Werte erfüllt.

Die jungen Männer, die nach Deutschland einwandern, haben ihre Wertvorstellungen, ihre Erwartungen an ein Familienleben und ihr Rollenverständnis mit im Gepäck. Und selbst wenn die familiären Grundstrukturen und Denkweisen ihrer Familien denen der Familien in Deutschland ähneln, existieren doch viele Unterschiede. Denn die Menschen hierzulande leben oft schon in zweiter oder dritter Generation in einem – verglichen mit der Heimat – sehr freien Umfeld. Beziehungen in der Arbeitswelt und Kontakte zu Menschen aus anderen Kulturkreisen sind in Großstädten völlig normal. Viele der hier lebenden Frauen sind, v.a. wenn sie hier zur Schule gegangen sind, freier und offener als ihre Altersgenossinnen aus den ländlichen Regionen oder den Randgebieten der großen Städte in der Heimat. Ein solch freies und offenes Verhalten missfällt dem importierten Ehemann, und fast schon zwangsläufig kommt es zum Streit in der Ehe. Diese kulturellen Unterschiede sind es auch, die bereits nach einer kurzen Ehe zur Trennung führen können. In traditionellen Familien gelten Scheidungen allerdings als Schande und sind absolut unerwünscht. Zudem tangieren solche Trennungen auch andere familiäre Interessen. Sind die Ehepartner etwa miteinander verwandt oder weitere Geschwister, Cousinen und Cousins mit anderen Partnern aus derselben Familie verheiratet, kann eine Scheidung dazu führen, dass ganze Clans sich zerstreiten. Zuweilen sind Familien auch geschäftlich miteinander verbunden, etwa in der Form, dass in der Heimat Ländereien aneinandergrenzen und der Reichtum durch die Heirat der Kinder vergrößert wurde oder Familienbetriebe das Einkommen der Familie sichern. Solche Verpflichtungen und Verantwortungen erschweren eine Scheidung ungemein.

In traditionellen Gesellschaften wird das Verhalten des Einzelnen in Bezug auf die gesamte Familie bewertet. Alle müssen sich streng an die Verhaltensnormen halten. Männer leiden unter diesen Zwängen genauso wie die Frauen; da sie sich außerhalb der Familie freier bewegen können, haben sie jedoch andere Möglichkeiten, ihre Frustsituation zu kompensieren. Auch wird ihnen mehr Privatsphäre zugestanden als den Frauen, sie können sich zurückziehen und Zeit außerhalb der Familie verbringen. Als Familienoberhaupt werden sie weniger kontrolliert als die Frauen, die für den Haushalt und die Kinder zuständig sind und dadurch viel weniger Zeit und Raum für sich allein haben.

Unglücklich sind letzten Endes beide Seiten, wenn die Beziehung nicht funktioniert und die Erwartungen vom Partner nicht erfüllt werden. Doch ein Ausbruch aus dieser Gesellschaft ist für beide schwierig, niemand wird eine Trennung unterstützen, vor allem dann nicht, wenn bereits Kinder vorhanden sind. Häufig sind die gesellschaftlichen Strukturen noch fester, etwa wenn sich im Laufe der Zeit finanzielle oder emotionale Abhängigkeitsverhältnisse entwickelt haben. Auch Männer ordnen sich diesen gesellschaftlichen Verpflichtungen unter und leiden unter ihrer unglücklichen Beziehung. Dass sie eventuell heimliche außereheliche Beziehungen haben, wird von den Familien geduldet, solange dadurch die Ehe nicht gefährdet wird.

Gesellschaftliche Verpflichtungen können in einer Community sinnstiftend wirken. Gemeinsame Feste, Bräuche, Reisen, Traditionen oder familiäre Aktivitäten sind wichtig, da Menschen Kontakte und Kommunikation brauchen. Aus der Familie wird Kraft geschöpft, sie spendet Unterstützung für eigene Vorhaben und stärkt das Selbstbewusstsein der Mitglieder. Schwierig wird es aber dann, wenn Menschen durch Zwänge eingeengt und unterdrückt werden. Junge Männer, die unter solchen Zwängen leiden, werden in der Öffentlichkeit und in den Medien kaum thematisiert. Hinzu kommt, dass in patriarchalischen Gesellschaften von Männern erwartet wird, möglichst keine Gefühle zu zeigen und die eigenen Ängste und Sorgen nicht offen zur Schau zu stellen. Auch wenn es noch wenige sind, gibt es inzwischen Selbsthilfegruppen, die sich mit genau diesen Themen beschäftigen. Ein Großteil der Teilnehmer besteht aus eher älteren Männern, die, durch ihre Erfahrungen selbstbewusst geworden, ohne Scham über private Angelegenheiten reden können. Die erste Gesprächsgruppe für türkische Männer leitete der Psychologe und Soziologe Kazim Erdogan in Berlin Neukölln. Der Bedarf an solchen Gruppen wächst, je mehr Familie aus der Heimat nachgeholt wird und je mehr die Probleme weitervererbt werden. Große Schritte können getan werden, umso mehr Männer den Mut finden, zu ihren Schwächen zu stehen, und wenn es auch nur um die Erwartungen der patriarchalischen Gesellschaft geht, die sie nicht immer erfüllen können oder wollen. Langfristig könnten solche Gespräche die Mentalität und den Umgang der Männer mit ihren Sorgen und ihr eigenes Männerbild verändern. Entwicklungen, die aus dem

Innern einer Gesellschaft stattfinden, sind stabiler und wirksamer als vorgeschriebene oder auferlegte Handlungsweisen. Diese Chance besteht nicht, wenn darüber geschwiegen und leise gelitten wird.

Zu erwähnen ist hier außerdem das Berliner HEROS-Projekt, das seit 2007 zu den Themen Identität, Gleichberechtigung und Frauenrechte, Rassismus und Antisemitismus arbeitet und inzwischen auch in anderen Bundesländern durchgeführt wird. Es ist ein Projekt gegen Unterdrückung im Namen der Ehre und dient der Gewaltprävention. Junge Frauen und Männer setzen sich in Gruppen mit ihren veralteten Vorstellungen von Ehre und Männlichkeit auseinander und werden ausgebildet, selbst Vorträge und Workshops in Schulen und Freizeiteinrichtungen zu halten. In Rollenspielen werden die Vorstellungen von Familienehre und Rollenzuschreibungen dargestellt, es wird über die Themen Macht, Freiheit und Gleichberechtigung diskutiert. In Schulklassen erörtern die Gruppenleiterinnen und Gruppenleiter des Projektes Denkweisen über Äußerlichkeiten, die in den Köpfen von jungen Menschen herumgeistern. Wenn sie aus traditionellen, strenggläubigen und patriarchalen Strukturen kommen, kann eine Frau z. B. allein durch das Tragen eines Minirocks als Hure gelten, obwohl man noch gar nichts über die Person weiß. Solche Zuschreibungen werden in Rollenspielen bearbeitet und die Hintergründe dazu diskutiert. Zentral sind die Themen Identität und Zugehörigkeit, sexuelle Selbstbestimmung und Gleichberechtigung. Man hinterfragt die traditionellen Rollen der eigenen Väter, die jungen Menschen werden zum Nachdenken angeregt und beschäftigen sich mit Fragen zum Thema Selbstbestimmung. Das Ziel ist die Befreiung von veralteten Rollenmustern und das Ankommen in einer freien, selbstbestimmten und unabhängigen Gesellschaft, die Frauen und Männern dieselben Rechte garantiert und für beide Geschlechter verteidigt.

Veraltete Moralvorstellungen, die Frauen sexuelle Selbstbestimmung verwehren und Männer mit Privilegien ausstatten, über Familie, Frau und Kinder zu bestimmen, sind genau die Grundlage der patriarchalen Denkstruktur, in der viele traditionelle und konservative Familien hierzulande leben. Einerseits werden die Söhne zu Gehorsam erzogen und müssen sich dem Zwang unterordnen, eine passende Familie zu gründen. Andererseits sollen sie stark sein, um ihre eigenen Familien nach außen zu schützen und dem in der Community herrschenden System unterzuordnen. Der Respekt vor den Älteren erfordert es, alteingesessene, klassische Denkweisen nicht zu hinterfragen. »So war es schon immer, so bleibt es, das ist unsere Tradition«, lautet das Mantra. Umso wichtiger ist es, dass das archaische Frauenbild in den Köpfen der Männer verändert wird, nur so können sich Familienstrukturen ändern. Zugleich muss sich die Erziehung der jungen Männer ändern, an der nicht zuletzt Mütter und Tanten maßgeblich beteiligt sind.

Für strenggläubige Muslime, die islamische Regeln konservativ interpretieren, birgt ihr im Alltag einer weltlichen, offenen und von Gleichberechtigung geprägten Gesellschaft gelebter Islam viel Konfliktpotenzial. Ein Beispiel ist die Rolle der Frau, deren göttliche Bestimmung darin liegt, für die Fortpflanzung und das Fortbestehen der klassischen Familie zu sorgen. Vater, Mutter und Kinder – so hat eine Familie auszusehen, jede andere Lebensform wird abgelehnt und bekämpft. Es muss hier nicht explizit erwähnt werden, dass auch konservative Juden und Christen diese Haltung vertreten und ebenfalls durch ihre Religion oder Tradition legitimieren. Doch aufgrund von Aufklärung, Modernisierung und Frauenbewegung hat sich die hiesige Gesellschaft in den letzten Jahrhunderten grundlegend geändert, sodass inzwischen vielerorts religiöse Regeln und veraltete Traditionen nicht mehr den Alltag in der Öffentlichkeit dominieren. Die Folgen patriarchaler Denkweisen und männlich dominierter Gesellschaft erleben wir dennoch auch hierzulande immer wieder, ob es konservative Parteien sind, die die klassische Familie stärken wollen, beim Gender Pay Gap oder dem Thema sexuelle Belästigung am Arbeitsplatz.

In Familiengesprächen habe ich immer wieder von Ängsten der Eltern erfahren, was vonseiten der eigenen Community auf sie zukommen würde, wenn sie ihren Kindern mehr Freiheiten ließen. Manche Väter erzählten mir, dass sie eigentlich gar kein Problem damit hätten, wenn ihre Töchter ausgingen oder sich freizügig kleideten, da sie dies als pubertierendes Verhalten interpretierten, ihre Töchter kennen würden und daher keinerlei Bedenken hätten. Dasselbe gilt auch für viele Brüder dieser Töchter, die selbst um Unabhängigkeit und Freiheit kämpfen. Ihnen allen war bewusst, dass ein solches Verhalten zum Erwachsenwerden und Finden der eigenen Identität dazugehört. Allerdings waren die Väter und auch die Brüder zu schwach, ihre individuelle Meinung und Offenheit gegenüber der Community zu vertreten. Sobald Kritik von Mitgliedern aus der Familie, von Bekannten oder Nachbarn über das Verhalten der Töchter oder Ehefrauen kam, fühlten sich die Männer verpflichtet zu reagieren. Dies bedeutete dann häufig, Verbote gegen freizügige Kleidung auszusprechen oder sich zum Verhalten in der Öffentlichkeit zu äußern. Die Angst, aus der Community ausgestoßen zu werden oder von den anderen Männern keinen Respekt mehr zu erfahren, die Angst, nicht mehr ernst genommen zu werden, war so groß, dass sie sich den Regeln und Wertvorstellungen unterordneten. Es fiel ihnen schwer, der gesamten Familie den

Rücken zu kehren und ein eigenes, freies Leben zu führen. So leben viele Familienmitglieder fremdbestimmt und drängen auch ihre Kinder in dieses Lebensmodell.

Erziehung und Sozialisation spielen im Verhalten von Menschen eine wichtige Rolle. Wenn ein Mann in seiner streng konservativen, traditionellen Familie jahrelang gepredigt und vorgelebt bekommt, dass er sowohl als Sohn als auch als Vater der Herr im Haus ist, wird er dieses Privileg nicht so schnell aufgeben. Widerspricht ihm seine Frau, gerät sein Weltbild ins Wanken; er bekommt Angst und wird wütend, da er mit der eigenen Hilflosigkeit konfrontiert wird. Er kommt mit der Situation nicht zurecht, dass seine Frau dieselben Rechte wie er beansprucht. Für ihn zählen seine Familie, seine Gesellschaft und sein Umfeld. Auch wenn er in Deutschland lebt, wird ein solcher Mann nicht von heute auf morgen seine Werte und sein Verständnis von einer Ehe und der Familie ändern. Wenn ihm die Argumente ausgehen, wird er seine Position mit Gewalt verteidigen, die Geschlechterrollen sind schließlich klar definiert. Stammt er aus einer gläubigen Familie, wird er seine Rechtsvorstellungen religiös begründen. Ich bin der Meinung, dass diese Männer darunter leiden, dass sie in Deutschland »den Frauen nichts zu sagen haben«. Ein Widerspruch der Frau führt bei ihnen zu einem inneren Kampf mit vielen Aggressionen. Diese Männer wollen nicht einsehen, dass Frauen ihnen ebenbürtig sind, obwohl die Gleichberechtigung von Frau und Mann im Gesetz verankert ist. Solche Gesetze bedeuten für konservative Männer Machtverlust, deshalb wehren sie sich dagegen.

Ganz selbstverständlich beanspruchen sie die Entscheidungsmacht, das letzte Wort für sich. Nicht nur ihre Eltern, sondern häufig auch die Eltern ihrer Braut haben ihnen diese klassischen Rollen vorgelebt. Steht aber die Ehefrau im Berufsleben und beanspruсht die hier geltenden Freiheitsrechte für sich, sind große Konflikte zu erwarten. Was passiert, wenn eine Frau sich nicht unterordnet und ihre Individualität ausleben möchte? Jede Gesellschaft kennt ungeschriebene Gesetze, die ihre Mitglieder stillschweigend befolgen. Problematisch wird es, wenn Einzelne sich dem widersetzen. Wenn also die Frau nicht bereit ist, den Mann als Oberhaupt zu akzeptieren, sondern eigene Wünsche hat. Kann es eine Einigung geben? Kann man verhandeln? Wer gibt nach? Jeder möchte seine Werte durchsetzen. Einerseits geht es um Macht, es geht aber auch um Respekt und Wertschätzung.

Die absolute Unterdrückung des anderen bedeutet Despotismus, Diktatur und Willkür. Aber was, wenn man gar nichts anderes kennt, wenn es also völlig normal ist, die Frau zu unterdrücken? Es wird schwierig, gegen solch einen Mann anzukommen, erst recht, wenn die Frau sehr jung und unerfahren ist und die eigene Situation noch gar nicht richtig versteht. Scheidung ist keine Option, Kinder kommen auf die Welt, und die Frauen werden immer tiefer in enge familiäre Strukturen verstrickt. Wurde die Ehe unter Verwandten geschlossen, geht es nicht mehr nur um die Interessen des Ehepaares, sondern um die der Familien. Eine Chance auf ein selbstbestimmtes Leben gibt es nicht, weder für den Mann noch für die Frau. Männer verdienen Geld und tragen Verantwortung, die Frauen sind für Haushalt und Familie zuständig. Deshalb ist es besonders schwer für sie, sich Freiräume zu sichern, denn diese sind außerhalb der Familie nicht vorgesehen.

Traditionelle Geschlechterrollen und altmodische Einstellungen zum Thema Gleichstellung und Geschlechtergerechtigkeit dominieren nicht nur türkeistämmige Migrantenfamilien. Seit der vermehrten Zuwanderung von Flüchtlingen nach Europa im

Jahr 2015 prägen auch Frauen und Männer aus arabischen bzw. islamischen Ländern das Bild europäischer Metropolen. Aus ihrer Heimat bringen sie Traditionen und Werte mit, die sich auch an ihrer Kleidung, ihrem Auftreten und Verhalten zeigen. Viele Diskussionen kreisen um die Rolle der Frau, ihre Rechte und die Einstellungen der Männer, wenn es darum geht, Frauen Freiheiten zu gewähren. Die patriarchale Mentalität religiöser Politiker, die konservative, männlich dominante Auslegung des Islam und die daraus folgenden Gesetze manifestieren sich im Personenstandsrecht arabischer Länder. Systematisch benachteiligen sie Frauen und definieren die Machtrolle des Mannes bei den Themen Scheidung, Sorgerecht, Erbe, Reisefreiheit oder Berufswahl. Doch es geht auch anders. In Ländern wie Tunesien, Marokko oder Ägypten existieren eine starke feministische Tradition und viele Errungenschaften, die Frauen ein freies und modernes Leben ermöglichen. Beispielsweise ist die Mehrehe in Tunesien verboten, Frauen können allein reisen, arbeiten und sogar abtreiben. Auch in Ägypten wurde die Bildung von Frauen gefördert. Diese Rechte unterliegen jedoch sehr stark politischen Schwankungen.

Insbesondere in streng religiösen Familien wird die rückwärtsgewandte Lebensform samt einem veralteten Frauenbild mit der Religion begründet und zementiert. Die wortwörtliche Auslegung und strenge Interpretation des Korans bietet dafür die Grundlage. Laut der Scharia, dem islamischen Recht, ist die Ehefrau zu Gehorsam verspflichtet, die Zeugenaussage zweier Frauen ist so viel wert, wie die eines Mannes, außerehelicher Geschlechtsverkehr ist verboten und wird mit Steinigung bestraft, der Mann darf seine Frau »züchtigen«, Polygamie ist erlaubt, und die einseitige Scheidung vonseiten des Mannes ist legitim. Bei einer Scheidung erhält der Mann das Sorgerecht für die Söhne ab sieben und der Töchter ab neun Jahren. Eine Frau darf nur mit männlicher Begleitung reisen, der Vater macht den Ehevertrag für die Tochter, und generell existiert eine strenge Schleierpflicht für Frauen.

Überlieferungen und göttliche Offenbarungen regeln den Lebensalltag mit Geboten und Verboten. Diese aus dem Kontext ihrer Entstehungszeit gerissenen Gesetze benachteiligen Frauen in der islamischen Welt bis heute. In vielen Ländern wie Tunesien, Marokko oder Algerien basiert das Zivilrecht zwar nicht mehr auf der Scharia, dennoch sind die daraus resultierenden traditionellen Denkstrukturen in der Gesellschaft noch vorhanden. Zumal ein Teil der Bevölkerung diese strenge Interpretation befürwortet. Der Einfluss Saudi-Arabiens, das eine besonders strenge Auslegung des Korans vertritt, ist weltweit groß. In Pakistan und Afghanistan findet das strenge islamische Recht Anwendung. Die Türkei – ein Land, das unter Kemal Atatürk von oben verwestlicht wurde, das sich jahrelang bemühte, in die Europäische Union aufgenommen zu werden – erlebt derzeit Kämpfe zwischen religiösen, konservativen und säkularen, modernen Schichten. Zwar wurde hier das islamische Recht gänzlich abgeschafft, dennoch ist es nicht gelungen, die Gleichberechtigung von Frau und Mann flächendeckend zu etablieren. Die konservativ-religiöse Regierung unter Erdoğan ist eher daran interessiert, Frauen wieder in ihre vermeintlich natürliche, biologische Rolle zu drängen. Die Entwicklungen in der ursprünglichen Heimat werden auch Einfluss auf das Leben vieler Deutschtürken haben.

Wir dürfen kein Verständnis für menschenverachtendes Verhalten aufbringen oder die Benachteiligung von Frauen tolerieren. In Beratungsgesprächen oder wissenschaftlichen Diskussionen können verschiedene Perspektiven erörtert oder auch individuelles Glück unterschiedlich interpretiert werden. Sobald es aber um die Rechte eines Menschen geht, darf man keine Weltanschauung gutheißen, die Frauen eben diese Rechte verwehrt. Das Gesetz muss alle Menschen schützen, im Zweifel auch vor den eigenen Eltern, die nicht einsehen wollen, dass ihre erwachsenen Kinder andere Wege gehen. Nicht Gehorsam, Angst und Schrecken sollten Eltern und Kinder zusammenhalten, sondern Liebe und Respekt. Väter und Ehemänner, die die Rechte ihrer Frauen und Töchter nicht respektieren, stellen auch eine Gefahr für unsere Zivilgesellschaft dar. Denn ihr Verhalten zeigt, dass sie die freie, moderne, liberale, offene, tolerante und demokratische Gesellschaft, in der Gleichheit für alle vorgesehen ist, nicht akzeptieren. Menschenrechte stehen nicht zur Disposition, zivilisatorische Standards ebenfalls nicht.

Was kann man aber tun, wenn diese Standards nicht die Norm sind, wenn sie nicht den Entwicklungsrahmen der Sozialisation der Menschen bilden? Der Jurist und Islamwissenschaftler Mathias Rohe beschreibt in seiner Einführung »Das islamische Recht«, auf welche Quellen sich die verschiedenen islamischen Rechtsgelehrten beziehen und dass sie sich je nach Rechtsschule sehr voneinander unterscheiden. Deshalb gibt es zwischen den verschiedenen Interpretationen Widersprüche. Und selbstverständlich bergen insbesondere die traditionellen Interpretationen der Religionsdiktaturen großes Konfliktpotenzial, wenn sie mit europäischen Rechtsstandards zusammentreffen. Wobei Rohe betont: »Vieles von dem, was heute am traditionellen islamischen Recht anstößig wirkt, war teils bis vor wenigen Jahrzehnten auch Bestandteil europäischer Rechtsordnungen.«

Rohe weist darauf hin, dass viele der liberalen Interpretationen der Rechtsquellen in extrem patriarchalischen Gesellschaften keine Anwendung finden. Ein eindeutig patriarchalisches

Verständnis der Geschlechterrollen prägt hier das Zusammenleben der Menschen. Rohe betont, dass auch die abendländische Rechtsordnung jahrhundertelang den Mann (Ehemann und Vater) allein für den finanziellen Unterhalt und die Außenvertretung der Familie zuständig erklärte. Auch im Europa des 17. und 18. Jahrhunderts wurde Frauen eine starke Emotionalität, Männern hingegen rationales Handeln zugeschrieben. Diese Denktradition, gekoppelt mit der biologischen Rolle der Frau, wird bis heute in traditionellen, streng muslimischen Gesellschaften aufrechterhalten. Kommen eine strenge Sexualmoral und die Gehorsamspflicht der Frau hinzu, sehen Männer jede Form von Willkür und Gewalt als legitim an, um am vorhandene Weltbild mit allen Mitteln festzuhalten. Frauen waren an der Auslegung islamischer Regeln nicht beteiligt, Männer schufen Regelungen, die eher Männern nützlich waren und ihre Macht etablierten. Bis heute sind Machtverhältnisse entscheidend. So treffen z. B. Töchter aus mächtigen Familien bei der Eheschließung Vereinbarungen über Freiheiten, die ihnen eine strenge Interpretation der Rechtsquellen nicht gewähren würde.

Traditionelle Gesellschaften beharren, um das Familiensystem weiterhin zu erhalten, auf der streng patriarchalischen Auslegung der Rechtsquellen. Zwar ist in vielen islamischen Ländern in der Bevölkerung der Wunsch nach Reformen verbreitet, die Schritte dorthin scheitern jedoch häufig an den traditionellen Rechtsgelehrten, die an der klassischen Rollenverteilung festhalten und keinen gesellschaftlichen Wandel unterstützen. Damit sie langfristig getragen und weiterentwickelt werden, bedürfen solche grundlegenden Veränderungen der Zustimmung breiter gesellschaftlicher Schichten. Und immer besteht die Gefahr des Rückfalls. In allen Gesellschaften bedeuten Reformen: lange Kämpfe und viele Opfer, wie auch die europäische

Geschichte zeigt. In Gesellschaften mit hohen Analphabetenraten ist es besonders schwierig, abstrakte Sachverhalte zu besprechen, noch schwieriger ist es, komplexe Sachverhalte zu verändern. Dem Wort des strengen Familienoberhaupts oder des Dorfimams wird mehr Gewicht beigemessen als dem, was in Büchern steht oder von fremden Menschen aus einer anderen Kultur eingebracht wird. Aus solch dörflichen und patriarchalischen Strukturen auszubrechen, ist für die einzelnen Menschen schwierig; entsprechend groß sind die Ängste. Mathias Rohe beschreibt, dass viele Reformbewegungen daran scheitern, dass sie »im Kontext von Despotismus und Korruption ohne demokratisch-rechtsstaatliche Ansätze« stattfinden. Die Angst, die traditionelle Familie könnte zerfallen, ist so groß, dass sogar so belanglose Themen wie, ob die Ehefrau »das Einverständnis des Ehemannes zur Änderung ihrer Frisur benötige«, ernsthaft diskutiert werden. Hier geht es weniger um islamische Werte, sondern um Machtverhältnisse.

Das Patriarchat war und ist die größte Hürde für die Rechte der Frauen, nicht die islamische Tradition, wie so häufig aus westlicher Sicht postuliert wird. Die unterschiedliche Auslegung und liberale Interpretation der Rechtsquellen ist der Beweis dafür, dass muslimische Frauen theoretisch viele Rechte für sich beanspruchen können. In der Praxis scheitern diese Bemühungen an den Machthabern oder strengen Gelehrten. Insbesondere in der Interpretation von ehelichen Rechten und Pflichten dominiert die patriarchalische Sicht: Der Ehemann ist das Familienoberhaupt und hat bei wichtigen Entscheidungen das letzte Wort. Die Ehefrau ist zuständig für den Haushalt und die Erziehung der Kinder, und sie ist dem Ehemann gegenüber gehorsamspflichtig. Diese traditionellen Rollen geben den Männern sehr viele Privilegien, auf die sie freiwillig nicht verzichten werden. Hier wird es noch zu vielen Kämpfen kommen, die aktiv gegen die Ehemänner geführt werden müssen, wenn sie nicht bereits im Elternhaus stattgefunden haben. Die Sozialisation junger Mädchen ist ein wichtiges Fundament für ihre spätere Beziehung zu ihrem Ehemann. Ebenso ist die Erziehung der Söhne durch die Mütter von großer Bedeutung und eine wichtige Grundlage für ihre spätere Rolle als Ehemänner.

Viele Reformen, die in den letzten Jahrzehnten in der islamischen Welt juristisch vorangetrieben wurden, basieren auf veränderten sozialen Verhältnissen. Ähnlich wie in Europa halten sich auch in den Metropolen islamischer Länder die Strukturen der Großfamilien nicht mehr. Die Tatsache, dass Frauen Zugang zu Bildung erhalten und finanziell unabhängig werden, ist nicht mehr zu leugnen, noch weniger zu unterdrücken. Modifikationen im Scheidungs-, Erb- und Familienrecht in den islamischen Ländern bestätigen diese massiven Veränderungen. Da jedoch wichtige Machtpositionen von strengen männlichen Gelehrten behauptet werden und Familienoberhäupter Angst um ihre traditionelle Rolle haben, erfolgen diese Veränderungen nur sehr langsam. Die weltweiten Kämpfe und Demonstrationen der muslimischen Frauen zeigen, dass die Grundstruktur des patriarchalischen Rechts mit der traditionellen Rollenverteilung nicht zu halten ist – trotz einzelner Rückwärtsbewegungen. Die Arabische Revolution von 2011 war ein Kampf um Demokratie, Freiheit, Selbstbestimmung und Moderne. Auf den Straßen von Tunesien und Ägypten demonstrierten auch Frauen für ihre Rechte und Unabhängigkeit. Und auch nach der Revolution gehen die Kämpfe um die Rolle und Rechte der Frauen weiter. Soziale Widersprüche, die Wirtschaft und das Patriarchat versperren Frauen ihren Weg in die Freiheit. Wieder sind es die Männer, die auf ihre Privilegien beharren und in der Politik Themen diskutieren wie Jungfräulichkeitstest, Moral, Ehre und wie viel Bildung für Frauen gut ist. Ein System, das Jungs mit mehr Rechten ausstattet, gibt erwachsenen Männern selbstverständlich das Gefühl, dass sie mehr wert sind und mehr Freiheiten haben. Wenn diese Denkweise gesellschaftlich getragen wird, ist es sehr schwierig, diese Männer vom Gegenteil zu überzeugen. Auch politische Machthaber, die ein despotisches Auftreten als männlich markieren, sind Vorbilder für genau diese Wahrnehmung von Männlichkeit.

Die Studie »Understanding Masculinities in the Arab World« von 2017, durchgeführt von Nichtregierungsorganisationen der Vereinten Nationen, präsentiert Ergebnisse der Befragungen von Frauen und Männern in Ägypten, Libanon, Marokko und Palästina. Auffällig ist, dass fast die Hälfte sowohl der Frauen als auch der Männer sagte, dass die Gleichstellung zwischen den Geschlechtern nicht zur Tradition und Kultur ihrer Länder gehöre. 80 Prozent der Palästinenser sind der Meinung, dass Frauen für den Haushalt zuständig seien. Aus allen vier Ländern wurde bestätigt, dass Arbeit zunächst Männern zur Verfügung stehen solle, Männer der Haushaltsvorstand seien und auch die Sorge und Entscheidungsmacht für die Familie trügen. Mehr als zwei Drittel der Männer sahen es als ihr Recht an, über die Kleidung und das Ausgehen der Frauen zu bestimmen.

Zum Vergleich einige Zahlen von Umfragen in Europa und Deutschland. Das statistische Porträt »Das Leben von Frauen und Männern in Europa«, veröffentlicht von Eurostat im Jahr 2017, zeigt deutliche Rollenverteilungen. Demnach übernehmen fast 80 Prozent der Frauen die tägliche Hausarbeit (und nur 34 Prozent der Männer). Frauen sind zwar häufiger hochqualifiziert als Männer, bekleiden aber trotzdem nur ein Drittel aller Führungspositionen. Was die Beschäftigungsquote betrifft, fällt auf, dass bei Familien mit mehr als zwei Kindern die traditionelle Rollenverteilung Alltag wird. Während über 70 Prozent der Frauen mit einem Kind berufstätig sind, bleibt diese Zahl mit dem zweiten Kind unverändert. Mit dem dritten Kind arbeiten dann nur noch 55 Prozent der Frauen. Die tägliche Betreuung und Erziehung der Kinder unter 18 Jahren liegt zu über 90 Prozent bei den Müttern.

Die Studie des Familienministeriums in Deutschland »Männer-Perspektiven – Auf dem Weg zu mehr Gleichstellung?« von 2017 zeigt zwar, dass nur ein Drittel der Männer die aktive offensive Gleichstellungspolitik befürwortet, über 80 Prozent sind aber der Meinung, dass beide Partner berufstätig sein sollten, und die meisten Paare wünschen heute eine Partnerschaft auf Augenhöhe. Im Vergleich zur Studie »Rolle vorwärts – Rolle rückwärts?« von 2010 ist deutlich, dass ein großer gesellschaftlicher Wandel stattfindet. Während 2007 nur 20 Prozent der Männer der Meinung waren, dass auch Väter ihre Arbeitszeit reduzieren sollten, sind dies nun ein Drittel, wozu vor allem junge Männer zählen.

Fast die Hälfte der befragten Männer waren der Meinung, dass Frauen nicht zu arbeiten brauchen, wenn der Mann genug Geld verdient. Insbesondere die ältere Generation vertrat traditionelle Vorstellungen. Auch waren bei den über 70-Jährigen nur 20 Prozent der Meinung, dass auch Väter ihre Arbeitszeit reduzieren sollten, bei den unter 30-Jährigen waren es fast zwei Drittel. 2007 wurden das Elterngeld und die Vätermonate bei der Kinderbetreuung von vielen Menschen noch mit Spott und Hohn kommentiert. Inzwischen nutzt ein Drittel der Väter diese Elternzeit tatsächlich. Die Gesellschaftsstrukturen haben sich stark verändert, und die Gleichstellung und Gleichberechtigung von Frauen sind im Alltag etabliert. Nur eine kleine Gruppe, die ca. ein Prozent der männlichen Bevölkerung ausmacht und hauptsächlich in der Altersgruppe der 40- bis 60-Jährigen zu finden ist, sind die Maskulinisten, die eine radikal anti-feministische Denkweise vertreten. Sie vertreten die Meinung, Frauen würden genug gefördert und der Feminismus unterdrücke die Männer. Genderthemen würden übertrieben, und insgesamt würden Frauen nicht benachteiligt. In der Gesamtbevölkerung ist immerhin ein Drittel der Männer empfänglich für diese Positionen. Auf Seiten der Frauen sind es übrigens über 15 Prozent. Die Kernaussage beider Studien ist, dass eine konsequent traditionelle Rollenverteilung mit dem Mann als Hauptverdiener und der nicht arbeitenden Frau, die für Haushalt und Kinder zuständig ist, in der Gesellschaft immer weiter an Rückhalt verliert. Dieses Modell befürworten heute nur noch 10 Prozent der Bevölkerung. Damit zeigt sich der große Unterschied zu der Studie im arabischen Raum, wo noch ein Großteil der Bevölkerung, sowohl Männer als auch Frauen, diese klassische Rollenverteilung befürworten und mehrheitlich Frauen weniger Rechte als Männern zugestehen, unabhängig davon, ob sie dies mit Religion, Biologie oder Tradition begründen.

Mit vielen Vätern habe ich über die Schule und den Beruf ihrer Kinder gesprochen. Häufig konnte ich beim zweiten Gespräch auch private und sehr intime Dinge erfahren, z. B. dass die Männer bis zu ihrer eigenen Ehe nicht gewusst hatten, dass Frauen menstruieren. Manche gestanden mir, dass sie ihre Kinder schlagen, wenn ihnen die Argumente ausgehen und sie mit der Pubertät der Kinder nicht zurechtkommen. Offenkundig befanden sie sich bei ihren Auseinandersetzungen auf derselben Ebene wie die Kinder und waren persönlich beleidigt, wenn diese frech wurden. Dieser sehr autoritäre Erziehungs- und Lebensstil war für sie selbstverständlich; so kannten sie es von ihren

Eltern und ihrer Umgebung. Mit Erstaunen und Erschrecken nahm ich wahr, wie eng und klein die Welt und Lebensrealität mancher Familien war und ist. Viele erwachsene Männer zeigen ein schier infantiles Verhalten, wenn es um belanglose Entscheidungen geht. Für moderne und offene Eltern ist ein vorübergehender verrückter Kleidungsstil oder der aufmüpfige Ton der Sprache ihres pubertierenden Kindes allenfalls nervig und anstrengend. Sie wissen, dass sie diese Zeit möglichst gut überstehen und dafür sorgen müssen, dass das Kind die Schule nicht abbricht oder sonstige Fehler macht, die sein späteres Leben negativ beeinflussen könnten. Die Eltern befinden sich im »Kampf« mit ihren Kindern, lassen ihnen aber auch gewisse Freiräume, in denen sich die Heranwachsenden entfalten können. In den strengen Familien zerstört ein solches Verhalten jedoch die Familienehre. Insbesondere Väter erwarten Gehorsam und Unterordnung. Sie sehen dieses Verhalten und den Kampf der Kinder um Freiheit als Bedrohung an. Das Fundament ihres Lebens scheint zu bröckeln, wenn um freizügige Kleidung oder den auffälligen Schmuck der Tochter gestritten wird. Es klingt lächerlich, dass ein Minirock eine Familienkrise auslöst, aber es ist leider Realität. Nicht wenige Väter glauben, dass sie der Verantwortung für die Ehre ihrer Töchter entledigt sind, wenn diese endlich verheiratet sind. Und es ist traurig festzustellen, dass die Väter lieber eine teure Hochzeit finanzieren als eine gute schulische Ausbildung oder den Führerschein der Tochter. Gesellschaftliche Anerkennung, die über Kontinente geht, ist ihnen wichtiger als die individuelle Freiheit eines jungen Menschen.

Traditionelle und vor allem patriarchale Familien bewerten Familienangelegenheiten als Privatsache. Deshalb akzeptieren sie nicht, dass ihre Kinder mit 18 Jahren volljährig sind, und wollen als Eltern auch darüber hinaus ein Mitspracherecht bei wichtigen Entscheidungen. Nach ihrer Ansicht gehören die Kinder ihnen und sind ihren Eltern ein Leben lang verpflichtet. Liegt es an der strengen Auslegung der islamischen Religion oder an der patriarchalischen Tradition, die unabhängig von der Religion dem Mann Macht über Ehefrau, Töchter und weitere weibliche Familienangehörige zuspricht?

So unterschiedlich die Perspektiven sind: Im Zentrum stehen Machtansprüche und Geschlechterrollen. Das vorherrschende Familienbild beinhaltet die Unterwürfigkeit der Frau und die Befehlsgewalt des Mannes über alle Familienangehörigen. Der Gehorsam gegenüber Älteren gilt auch für Männer, in der Familie ist der Rang des Mannes von seinem Alter abhängig. Wenn dieses Familienbild nicht überwunden wird, werden weiterhin Konflikte an der Tagesordnung sein. Denn weder das Grundgesetz noch die Allgemeinen Menschenrechte sprechen dem Mann aufgrund seines Geschlechts solch eine überlegene Rolle zu. Diese Hierarchie innerhalb einer traditionellen Familie darf die Rechte des Individuums nicht einschränken; jeder Mensch hat das Recht auf Selbstbestimmung. Selbstverständlich tragen Eltern die Verantwortung für ihre Kinder. Aber diese sind nicht ihr Eigentum, über das sie ein Leben lang bestimmen. Es ist normal, dass Kinder irgendwann einen anderen Lebensweg einschlagen als ihre Eltern. Das ist ihre persönliche Freiheit, es ist ihr Recht auf Selbstbestimmung.

Im Zuge globaler Entwicklungen und Fortschritte und der Kontakte zu anderen Gesellschaften gerät das patriarchalische Familienverständnis ins Wanken. Frauen sind immer weniger bereit, bereits erworbene Freiheiten aufzugeben, zumal viele keinen Widerspruch darin sehen, Familie und Berufstätigkeit der Frau zu vereinbaren. Das Rollenbild des Mannes ist in Europa, aber auch in vielen anderen Teilen der Welt von starken Veränderungen geprägt. Muslimische Männer können sich dieser Entwicklung auf Dauer nicht entziehen. Gebildete und finanziell unabhängige Frauen akzeptieren es nicht, dass traditionsorientierte Gelehrte die alleinige Kompetenz zur Interpretation oder Deutung islamischer Rechtsquellen und Normen für sich beanspruchen. Diese Frauen sind häufig über die Flexibilität und Interpretierbarkeit der Rechtsgrundlagen aufgeklärt und hinterfragen ihre willkürlich definierte Rolle als unterwürfige Frau. Zwar gibt es in keinem islamischen Land eine der in Europa gängigen Gleichberechtigung von Frauen vergleichbare Form, auch nicht in der Türkei, die bekanntlich beansprucht, ein Rechtsstaat zu sein. Dennoch existieren in islamischen Ländern große Unterschiede in der tatsächlichen Situation und den rechtlichen Möglichkeiten von Frauen, da das angewandte Recht sehr stark von der Interpretation der jeweiligen Rechtsquellen abhängt. Besonders extrem werden diese in Saudi-Arabien, Afghanistan und Pakistan ausgelegt. Wo die traditionellen islamischen Kräfte mächtig werden, leiden zuerst die Frauen unter Restriktionen. Zwar dienen alle Rechtsordnungen dazu, die Verhältnisse im Zusammenleben der Menschen zu ordnen und ein friedliches Miteinander zu gewährleisten, jedoch ist hierzu ein Mindestmaß an Konsens über wichtige Themen notwendig. Eines davon ist die Gleichberechtigung der Geschlechter und generell die Rolle der Frau, die immer sehr kontrovers diskutiert wird. Ein demokratisches Rechtssystem und Menschenrechte sind in islamischen Ländern – wenn überhaupt – nur in Ansätzen erkennbar. Das macht es strenggläubigen Minderheiten leicht, in Krisenzeiten mit dem Glauben Politik zu treiben und gesellschaftliche Massen für die eigene Ideologie zu gewinnen. Traditionell orientierte Männer, die in Stammesgesellschaften leben, sehen in der Gleichberechtigung der Frau den Beginn des

Zerfalls ihrer Gesellschaft und vor allem ihrer eigenen Machtbereiche.

Die streng traditionelle und konservative Auslegung der Rechtsgrundlagen schafft ein völlig anderes Rechtsverständnis, als hierzulande üblich. So kann nach islamischer Strafrechtstradition der Rechtsfrieden durch Vergeltung oder Blutgeld wiederhergestellt werden. Das deutsche Strafrecht sieht dagegen vor, dass die Justiz darüber wacht, dass Gesetze eingehalten werden. Im Mittelpunkt steht, Unrecht zu vermeiden. Der Rechtsstaat sorgt dafür, dass Straftaten verfolgt werden. Eine Schlichtungsprozedur, wie im islamischen Recht möglich, ist hierzulande nicht zulässig. Joachim Wagner beschreibt in seinem Buch »Richter ohne Gesetz« die Rolle von Friedensrichtern und die Gefahren, die durch sie für die Strafjustiz entstehen. Man muss diese Tradition kennen, um Probleme in diesen Kulturkreisen lösen zu können und deutlich zu machen, inwiefern die hiesige Rechtsprechung sich unterscheidet. Familienrecht ist hierzulande keine Privatsache. Rechtsbrüche werden nicht durch Selbstjustiz geklärt, sondern von der Polizei bearbeitet und vor Gericht gebracht.

Die streng am islamischen Recht orientierte Denkweise ist auch der Hintergrund, warum viele patriarchalisch sozialisierten Männer in Deutschland nicht mit der Tatsache zurechtkommen, bei den Entscheidungen ihrer volljährigen Töchter kein Mitspracherecht zu haben, ob es nun um deren individuellen Lebensstil geht oder um die Entscheidung darüber, ein Kopftuch zu tragen oder sich freizügig zu kleiden. Sie sehen in diesem Konflikt eine Familienangelegenheit, die hinter verschlossenen Türen geklärt werden muss. Menschen- und Grundrechte zählen für sie innerhalb der Familie nicht. Das Weltbild dieser Männer gerät bei Konflikten ins Wanken. Schnell fühlen sie sich wertlos und werden womöglich in der eigenen Community belächelt und als Schwächlinge bezeichnet, die es nicht schaffen, Frau und Töchter unter Kontrolle zu halten. Deren Recht auf Selbstbestimmung akzeptieren diese Männer nicht. Des Öfteren berichteten mir Frauen aus traditionellen Familien, dass ihre arbeitslosen Männer es als Beleidigung und Bedrohung ihrer Männlichkeit betrachteten, wenn die Frauen arbeiten gingen. Dass diese Frauen lediglich versuchen, ihre Männer zu unterstützen und etwas für ihre Familien zu leisten, um nicht auf staatliche Hilfen angewiesen zu sein, sei nicht Thema der Diskussion. Eine solche Denkweise ist kaum zu verstehen, entspricht aber genau dem archaischen Verständnis von Männlichkeit und der traditionellen Rolle des Mannes als Familienoberhaupt. Wenn es der Frau gelingt, dem Mann das Gefühl zu geben, *er* habe die Entscheidung getroffen, kann es durchaus sein, dass ihre Arbeit geduldet wird, vielleicht verbunden mit dem Kompromiss, dass der Mann entscheidet, wofür das Geld ausgegeben wird. Solche Konflikte mögen in den Ohren moderner Menschen banal und vielleicht sogar peinlich klingen; es ist aber noch nicht lange her, dass auch europäische Männer ähnliche Ansprüche hatten.

Man darf nicht vergessen, dass viele Frauen hierzulande ein solch despotisches Verhalten ihrer Männer trotz der Möglichkeiten, die ein Sozialstaat bietet, ertragen. In etlichen muslimischen Ländern haben finanziell abhängige Frauen keine Möglichkeit, ohne ihre Männer zu existieren. Der Weg zurück zu ihren Familien wäre der Gesellschaft ein Dorn im Auge und für die Familie eine Schande. Unabhängig auf eigenen Beinen zu stehen, ohne Beruf, Geld und häufig als Analphabetin, ist geradezu undenkbar. Auch wenn jüngere Frauen unter besseren Bedingungen leben, bedeutet ein Ausbruch aus diesem Familiensystem für viele einen langen, dornigen Weg. Das ist eine weitere Machtkomponente für die Männer. Sie wissen um die Hilflosigkeit und Abhängigkeit der Frauen und können sich deshalb ein solches Verhalten erlauben, immer in der Gewissheit, dass die Frau nicht wirklich viel bewirken kann.

In ihrem Roman »Ehre« schildert Elif Shafak, wie das patriarchalische Familiensystem, das Migranten aus dem Südosten der Türkei mit nach England genommen haben, sich behaupten kann. Sie erzählt die Geschichte einer Familie, die in den 1970er-Jahren nach England eingewandert ist. Der Vater verlässt wegen einer Tänzerin die Familie; der 16-jährige Sohn Iskender wähnt sich in der Rolle des Familienoberhauptes. Als seine Mutter ein Verhältnis mit einem anderen Mann hat, tötet Iskender sie, um – wie er meint – die Ehre der Familie wiederherzustellen. Ehre determiniert die Denkweise des Täters und seiner Angehörigen. Menschen, denen diese Kultur fremd ist, wird es schwerfallen, die Logik hinter einem solchen »sinnlosen Mord« nachzuvollziehen. Der Autorin ist es gelungen, das Problem auf den Punkt zu bringen und zu zeigen, wie fremd Menschen aus streng patriarchalischen Strukturen und der Dorftradition aus dem Orient in Europa sind. In einem Interview zum Buch betont Shafak, dass Mütter eine wichtige Rolle bei der Vermittlung von Männlichkeit spielen. Die Autorin hebt hervor, dass es die Mütter sind, die ihre Söhne in der Erziehung den Töchtern vorziehen, und dass das Verhalten der Frauen sich ändern muss, damit das Patriarchat endet. In der Fremde ist der Druck auf die Männer und Söhne besonders groß, da hier die Probleme eskalieren. Die Gesetze und gesellschaftlichen Normen in Europa geben Frauen völlig neue Rechte und Freiheiten, mit denen viele Männer nicht umgehen können, da sie sie aus ihrer traditionellen Erziehung und auch von den Familien in der Heimat nicht kennen. Es ist wichtig, dass Söhne in ihrer Persönlichkeit und Individualität gestärkt werden; nur so können sie sich dem Druck der eigenen Community entziehen. Wenn Männer ihre Ehre nicht mehr über die Tugendhaftigkeit der Frauen in ihrer Familie definieren, verliert der Machtanspruch über die Frauen seine Bedeutung. Gleichberechtigung muss bereits im Elternhaus gelebt und anerzogen werden, damit Kinder sie anerkennen. Solange Mütter Gehorsam und Unterordnung als Schicksal hinnehmen und dieses Denken an ihre Töchter weitergeben, kann sich an den gegebenen Konstellationen nichts ändern. Mütter sind deshalb auch Mittäterinnen, da sie an der Erziehung ihrer Söhne beteiligt sind. Es stimmt zwar, dass die Ehemänner auch bei der Erziehung der Kinder ihre Standards und Denkweisen durchsetzen wollen. Aber Mütter können durch Diskussion bei Konflikten ihren eigenen Standpunkt vertreten, sie können den Töchtern ein Vorbild sein und zeigen, dass sie sich nicht alles gefallen lassen, sondern ein Mitspracherecht in der Erziehung der Kinder haben wollen. Sie können versuchen, Töchter und Söhne gleich zu erziehen, ihnen immer wieder zu sagen, dass ihr Geschlecht keine Rolle spielt, wenn es darum geht, selbstbestimmt zu leben. Sie müssen ihren Kindern früh beibringen, dass alle gleich viel wert sind. Es bedarf Mut und Selbstbewusstsein, aber es ist nicht völlig unmöglich, kleine Fortschritte zu erzielen. Die Passivität und Resignation der Mütter ist ein wichtiger Grund dafür, dass sich viele Probleme über Generationen reproduzieren und dass die Söhne dieselben Ansprüche wie ihre Väter und Großväter stellen. Auch indem Mütter ihren Söhnen zu viel Verantwortung für die Familie übertragen, überfordern sie sie. Söhne sind nämlich Kinder, die Mütter sind für sie verantwortlich und nicht umgekehrt. Viele Frauen übersehen dieses wichtige Detail aus Bequemlichkeit und merken erst, wenn es schon zu spät ist, dass der eigene Sohn bereits Ansprüche als der »Mann im Haus« stellt und den Vater vertritt, wenn der nicht da ist. Somit schaffen viele Mütter ihre eigene Rolle als Respektsperson, die Macht haben könnte, selbst mit ab. Ein Mann, der schon über seine Mutter und Schwester bestimmt, wird sich bei der eigenen Ehefrau ähnlich verhalten, da er mit einem bestimmten Frauenbild aufgewachsen ist.

8. DAS GEBOT DER JUNGFRÄULICHKEIT

Warum es Kinderbräute gibt

Laut UNICEF werden jährlich rund 15 Millionen Mädchen unter 18 Jahren verheiratet, und es gibt 650 Millionen Frauen, die als Kinder verheiratet worden sind. Folgt man den Zahlen der Kinderrechtsorganisation »Save the Children«, leben weltweit etwa 40 Millionen Mädchen von 15 bis 19 Jahren in einer Ehe. In der Agenda 2030 der Vereinten Nationen ist die Abschaffung der Kinderehen eines der globalen Entwicklungsziele. Zwar sind die Zahlen insgesamt rückläufig, aber eine Lösung des Problems wird noch Generationen dauern, und die Situation der Mädchen in armen, dörflichen Krisenregionen bleibt unverändert.

Der Begriff Kinderheirat bezeichnet »die Heirat einer Person vor Erreichen des zulässigen Heiratsalters oder vor Erreichen der Ehemündigkeit« (http://de.wikipedia.org/wiki/Kinderheirat). Auch wenn es in ihrem Heimatland nicht gesetzeswidrig ist und den Kindern eine Ehemündigkeit zugeschrieben wird, handelt es sich immer um eine Kinderehe, wenn Minderjährige verheiratet werden. Im türkischen Sprachraum ist der Begriff Kinderbräute (»çocuk gelinler«) gängiger. Mir gefällt dieser Begriff besser, weil er die Perversität benennt. Mit einer Braut verbinden die wenigsten Menschen die Verehelichung eines Kindes mit einem meist viel älteren Mann. Manchmal werden die jungen Mädchen als Zweit- oder sogar Drittfrauen verheiratet.

Kinderehen sind ein globales Problem. Die Verheiratung im Kindesalter, also vor Erreichen der offiziellen Ehemündigkeit und in Extremfällen sogar vor Beginn der Pubertät, ist bei Mädchen stärker verbreitet als bei Jungen. In westlichen Ländern liegt das Heiratsalter bei 18 Jahren. Aber auch hier können mit Erlaubnis der Eltern Jugendliche bereits mit 16 Jahren heiraten – ein Relikt aus traditionellen Zeiten, und insbesondere durch religiöse Bestimmungen legitimiert. Seit Juli 2017 sind in Deutschland nur noch Eheschließungen möglich, wenn beide Partner volljährig sind. Für verheiratete Minderjährige gibt es klare Regelungen, Übergangsfristen, Einzelfallprüfungen und damit verbundene Entscheidungen. Religiöse oder traditionelle Hochzeitszeremonien mit Minderjährigen sind ein Straftatbestand. Dazu später mehr.

In der Türkei und im Nahen Osten ist die Praxis der Verheiratung von Minderjährigen ein auffälliges Problem. Laut einer Studie der Hacettepe-Universität in Ankara aus dem Jahr 2012 betrug der Anteil der minderjährig verheirateten Frauen in der Türkei 28 Prozent. Sieht man sich die Zahlen genauer an, bemerkt man, dass es im Osten und Südosten des Landes sogar mehr als 40 Prozent waren. Kinderbräute sind keine Einzelfälle. Die türkische Tageszeitung Hürriyet sprach im März 2014 von über einer halben Million junger Mädchen, die seit 2002 zwischen ihrem 16. und 17. Lebensjahr verheiratet wurden. Es ist gängige Heiratspraxis, und die Betroffenen erdulden solche Lebensbedingungen stillschweigend. Es gibt kaum jemanden, der die jungen Mädchen schützt oder für ihre Rechte eintritt.

Schätzungen von Frauenorganisationen vor Ort gehen davon aus, dass mindestens die Hälfte der Mädchen das 18. Lebensjahr nicht als Ledige erreicht.

Im Januar 2014 erschütterte der Tod der kleinen Kader Erten die Türkei. Meldungen über das Mädchen, das mit elf Jahren verheiratet wurde, mit 13 Jahren bereits zwei Kinder hatte und schließlich mit 14 Jahren – angeblich beim Reinigen einer Waffe – ums Leben kam, spaltete das Land. Die offizielle Angabe der Familie ihres Mannes: Nach der Totgeburt ihres zweiten Kindes sei sie in Depressionen verfallen und habe sich das Leben genommen. Während dieser Zeit leistete ihr Ehemann seinen Wehrdienst ab. Die Fragen, wie alt Kader genau war und welche Umstände für ihre amtlich nicht registrierte Ehe eine Rolle spielten, werden wohl nie mehr geklärt werden. Kader ist bereits begraben und der Fall erledigt. Kader war eines von fünf Kindern einer armen Familie im fernen Osten der Türkei. Ihre Ehe beruhte auf einem Tauschgeschäft, ihr Bruder erhielt im Gegenzug eine Braut. Häufig kommt es auch zu Geldzahlungen für die Töchter, sodass es sich für die Familie finanziell lohnt, die Mädchen möglichst früh zu »verkaufen«. Schließlich haben sie im jungen Alter einen sehr hohen Wert, und die Käuferfamilie kann sie noch nach ihren Vorstellungen formen und erziehen. Die jungen Bräute sind eine Haushaltshilfe für die Schwiegereltern und Ehefrau für den Sohn – ein Deal, der sich für alle Beteiligten lohnt. Verlierer sind nur die rechtlosen Kinder. Kader starb, ohne das Erwachsenenalter erreicht zu haben, ein weggeworfenes Leben.

Viele Kinder in diesen Regionen sind nicht registriert, nur wenige gehen zur Schule. Man könnte auch sagen: Offiziell existieren sie nicht. Die Kinder sind der Willkür der Erwachsenen und den archaischen Regeln der dörflich-patriarchalen Gesellschaft ausgeliefert. Meistens geben streng religiöse, sehr konservative Imame diesen Ehen ihren Segen. Das Gesetz verbietet solche Ehen zwar, denn offiziell ist man in der Türkei mit 18 heiratsfähig und nur in Ausnahmefällen und mit Erlaubnis der Sorgeberechtigten ist eine Heirat mit 17 Jahren möglich. Aber da Ankara weit weg ist und kein Kläger auf die Situation aufmerksam macht, besteht kein Handlungsbedarf. Den Imamen der türkischen Religionsbehörde ist es verboten, solche Ehen zu schließen, weshalb meist Respektspersonen mit dieser Aufgabe betraut werden. In der Türkei wird seit zwei Jahren diskutiert, ob Muftis bzw. Imame rechtsgültige Trauungen vornehmen dürfen sollen, bisher kommt diese Autorität nur Standesbeamten zu. Sollte die Idee tatsächlich umgesetzt werden, bedeutet das einen weiteren Sieg der religiösen Traditionen über rechtliche Bestimmungen, zumindest aber werden sie mit ihnen gleichgestellt. Insbesondere in ohnehin streng religiösen Dörfern mit archaischen Traditionen würden diese religiös abgesegneten Werte weiter gestärkt. Der nächste Schritt könnte sein, dass die Vielehe erlaubt wird, wie es in vielen islamisch regierten Ländern der Fall ist. Es gibt immer wieder Empfehlungen der Religionsbehörde Diyanet bzw. einzelner ihrer Vertreter, dass eine Heirat mit neun Jahren bei Mädchen und mit zwölf Jahren bei Jungen legitim sei. Noch ist der Widerstand in der türkischen Bevölkerung groß und eine flächendeckende Durchsetzung dieser Denkweise nicht erfolgt.

Die bereits erwähnte Fernsehserie »Hayat devam ediyor« fesselte von 2011 bis 2013 in der Türkei Millionen Zuschauer an den Bildschirm. Und auch überall in Europa konnten die Menschen über Satellit das Drama verfolgen. Die 15-jährige Titelheldin Hayat (ihr Name bedeutet »Leben«) wurde einem reichen 70-Jährigen zur Braut gegeben. Besonders erschütternd war der Satz der Kinderbraut: »Dies ist nicht mein Brautkleid, es ist mein Leichentuch.« Die Serie regte viele Diskussionen an. Und doch ist es schwierig, in einem Land Veränderungen anzustoßen, wenn wichtige Vorbilder aus der Regierung das Gegenteil vorleben. Der aus Anatolien stammende ehemalige Minister- und spätere Staatspräsident der Türkei Abdullah Gül hatte mit 30 Jahren die damals 15-jährige Hayrünissa Gül geheiratet. Der jetzige Staatspräsident Recep Tayyip Erdogan unterstützt jegliche religiöse und traditionelle Form der Ehe, auch die Kinderehe. Begründung: Das Volk wolle dies. Ebenso empfiehlt er allen türkischen Frauen, mindestens drei Kinder zu bekommen, um das Überleben, das Wachstum und die Macht des Staates zu sichern. Mit gefügigen Frauen kann das Patriarchat seine Macht ausbauen.

Kinderehen gibt es verstärkt auch in Indien, Bangladesch, im Jemen, Nepal, Afghanistan und in Europa unter den Roma und Sinti. Aber auch in Nigeria, der Dominikanischen Republik und Lateinamerika sind Kinderehen anzutreffen. Insbesondere in der Subsahara-Region in Afrika sind Kinderehen weit verbreitet. Hier wird jede dritte aller Kinderehen weltweit geschlossen. Diese Länder wurden in Europa kaum wahrgenommen, erst mit den geflüchteten jungen Müttern ist auch hier eine Sensibilisierung entstanden. Selbst in den USA kennen einige Bundesstaaten kein festgelegtes Mindestheiratsalter. Das Verheiraten von Kindern ist ein menschenverachtender Brauch, der den noch nicht ausgewachsenen Körpern seelische und körperliche Schmerzen zufügt. Häufig handelt es sich um Kinder aus sehr großen, armen Familien. Geburtenkontrolle wird abgelehnt, da in diesen Gemeinschaften die Meinung vorherrscht, es sei eine Sünde, in die von Gott erschaffene Natur einzugreifen. In manchen Fällen ist aber auch Verhütung einfach nicht bekannt, da keine sexuelle Aufklärung stattfindet. Der Ausbruch aus solch einem System ist sehr schwierig. Zum einen halten die Familien an ihren Werten und Bräuchen fest. Zum anderen profitieren reiche, mächtige außenstehende Menschen auch von dieser Not, wie es der Fall der syrischen Flüchtlinge zeigt. Mitarbeiter von Hilfsorganisationen und auch Medien berichten von Heiratsmärkten in Flüchtlingscamps in den Grenzregionen, wo z. B. reiche Türken, Kurden oder Araber sich eine Braut kaufen. Sprachen Organisationen vor dem Krieg von ca. 13 Prozent betroffener Kinder (insbesondere Mädchen), so lagen die Schätzungen in 2016 bei fast 60 Prozent. In Syrien sind Frauen mit 17 Jahren und Männer mit 18 Jahren ehefähig. Jedoch können Väter oder Großväter vor Gericht die Erlaubnis einholen, ihre Töchter bereits mit 13 Jahren und die Söhne schon mit 15 Jahren zu verheiraten. Viele Flüchtlinge sehen in ihrem Elend den Verkauf ihrer Töchter als einen möglichen Ausweg, jedenfalls kurzfristig. Langfristig können Menschen in solch einer Situation nicht planen. Das Schicksal dieser Kinder steht in den Sternen, und es ist eine humanitäre Katastrophe, dass die Welt immer noch von orientalischen Bräuchen und kulturellen Eigenarten spricht, wenn es um das Thema Frühehen geht. Ignorieren können wir diese Praxis nicht mehr, da Betroffene auch in Europa am Rande unserer Gesellschaft leben.

Es gibt vielfältige Gründe für eine Kinderheirat. Zu den wichtigsten zählen Armut und patriarchale Traditionen, meistens gekoppelt mit der geringen Wertschätzung der Töchter und einer generell niedrigeren Bildung im Umfeld der Familie oder sogar des gesamten Dorfes. Das Gebot der Jungfräulichkeit und die damit verbundene geschlechtliche Ehre eines Mädchens sind auch ein wichtiger Grund für Kinderehen. Je jünger die Mädchen, desto unwahrscheinlicher ist es, dass sie sexuellen Kontakt zu Männern haben.

Spätestens wenn die Mädchen geschlechtsreif werden und ihr Körper beginnt, weibliche Formen anzunehmen, startet die Planung einer Heirat. Eine junge Frau aus dem Irak berichtete mir, dass sie eigentlich eine gute Familie hatte, die auch daran interessiert war, dass ihre Tochter zur Schule geht. Da aber der Schulweg über den Dorfplatz führte und sie von vielen Männern gesehen wurde, bekamen ihre Eltern immer wieder zu hören: »Wundert euch nicht, wenn eure Tochter eines Tages vergewaltigt oder entführt wird. Sie ist auffällig schön und schon heiratsfähig. Es ist nicht gut, wenn sie allein durch das Dorf spazieren geht.« Selbst wenn sie mit Begleitung unterwegs war, kamen Fragen wie: »Wie groß eure Tochter schon ist, wohin geht ihr denn mit ihr jeden Tag? Was soll aus ihr werden, wenn sie kaum zu Hause ist?« Es ist das Ehre-Schande-Denken, ein Schwarz-Weiß-Denken, das keine Zwischenstufen kennt und in dem kein Platz ist für Nuancen. Irgendwann sahen sich die Eltern gezwungen, die Tochter zu verheiraten, damit endlich Ruhe einkehrte. Fahime war damals 14. Inzwischen ist sie mit Mann und Kind über die Türkei, Griechenland, den Balkan, und Österreich nach Deutschland geflohen. Als ich sie kennenlernte, war sie gerade 18 geworden. Sie berichtete, dass sie ein weiteres Kind auf der Flucht verloren hat. Dieses Beispiel zeigt die Ausweglosigkeit von Familien in Dörfern, in denen es für sie und ihre Kinder keine Perspektive auf ein normales Leben gibt, wie wir es in Europa kennen. Dieses Mädchen hatte offene und moderne Eltern, die eine Schulbildung für ihr Kind wollten. Die Armut und die Kriegssituation zwangen sie dennoch zu einem Leben nach den dominanten Traditionen des Dorfes. Die Tochter hätte Schande über die Familie gebracht, wenn sie vergewaltigt worden wäre. Sie wäre entehrt, und das ganze Dorf hätte der Familie gegenüber jeglichen Respekt verloren. Auch einen Heiratskandidaten hätte sie nicht mehr gehabt. So hat sie wenigstens einen Cousin geheiratet, der umgänglich und der Familie bekannt ist.

Arme Familien wollen mit einer Frühehe auch die Lebenshaltungskosten der Tochter sparen, die vom Ehemann getragen werden, sobald die Ehefrau in seinen Haushalt zieht. Häufig zahlen der Bräutigam oder seine Familie eine hohe Geldsumme für die Braut. Diese Praxis zeigt, dass Mädchen wie Objekte behandelt werden. Eine junge Frau aus Afghanistan erzählte mir, es sei in ihrem Heimatdorf üblich, bei Familienfehden einen Handel mit Mädchen zu machen oder Hochzeiten in die Wege zu leiten, um blutige Auseinandersetzungen zu vermeiden. Eine andere Mutter berichtete mir, dass in ihrer Heimat Mädchen als Einsatz bei Spielschulden benutzt würden und sie daher schon froh war, dass sie ihre Töchter nach ihren Wünschen verheiraten konnte. Es ist so grausam, welch weitere Übel viele der Mädchen in armen, kriegsgebeutelten Ländern erwarten, sodass eine Kinderehe noch eine der guten Lösungen darstellt.

Studien zeigen, dass mindestens drei Viertel der Kinderbräute Analphabetinnen sind und den Ehemann meist erst am Tag der Hochzeit kennenlernen. Armen traditionellen Familien sind Mädchen ein Dorn im Auge, weil sie potenziell eine Last und Gefahr darstellen. Sie müssen ernährt werden, und sobald sie in die Pubertät kommen, könnten fremde Männer auf sie aufmerksam werden, was wiederum die Ehre der Familie in Gefahr bringen kann. »Ein Mädchen ist ein Stachel im Fuß oder ein Dorn im Auge«, so drücken es viele Familien aus. Sie müssen dafür sorgen, dass die Mädchen jungfräulich und damit ehrenhaft in die Ehe gehen, und sie tragen die Last, diese beschützen zu müssen. Wenn die Mädchen verheiratet sind, obliegt die Verteidigung ihrer Ehre dem Gatten, und da sie nun einem Mann gehören, lässt auch das Interesse anderer Männer an ihnen nach. Der Gedanke, dass Mädchen Individuen sind, dass sie eigene Wünsche und Ziele haben und sich nach einem eigenständigen Leben sehnen, unabhängig von der Familie, existiert nicht. Erschreckend ist, dass sich die Familien keiner Schuld bewusst sind. Häufig sind auch die Eltern Analphabeten, die kaum ihre kleine Dorf-Community verlassen haben und die Welt allein aus dem Fernsehen kennen. Und selbst hier gibt es nur eine selektive Wahrnehmung der Geschehnisse. Schlechte Vorbilder aus der Welt der Stars werden zum Anlass genommen, die Mädchen noch strenger zu überwachen und zu behüten. Von solchen Familien zu erwarten, dass sie Menschenrechte, Frauenrechte oder gar Kinderrechte achten, ist eine Illusion. Die Familien sind bereits mit der Bewältigung ihres Alltags und ihren schweren Lebensbedingungen im Dorf, in einer Kriegs- oder Krisenregion völlig überfordert. Nach einer Flucht nach Europa oder nach einem Umzug in größere und modernere Städte in der Heimat, z. B. Istanbul, wollen viele dieser Familien die Strukturen aus den feudalen, dörflichen, patriarchalen Familienclans weiterführen. Sie haben Angst, Veränderungen könnten die Familien zerstören, was dazu führen würde, dass sie nicht mehr wüssten, wo sie noch andocken sollen. Genau diese Ängste, die Unwissenheit und die strenge Tradition lassen sie in Parallelwelten leben. Sie versuchen, das, was sie haben, zusammenzuhalten; konfrontiert mit Umständen, die ihnen fremd sind, schotten sie sich nur noch mehr ab.

Frühehen haben für die betroffenen Mädchen fatale Folgen. Es handelt sich um Kinder ohne Bildung und Ausbildung, ohne ein Bewusstsein davon, was mit ihnen passiert. Emotional und finanziell sind sie von ihren Familien abhängig und an die Tradition gebunden; sie sind zu jung, um sich wehren zu können; sie sind hilflos ausgeliefert und Opfer einer Gesellschaft, in der ihnen keine eigene Rolle, kein individuelles Leben oder Glück zugestanden wird. Sie sind das, was ihr Gegenüber aus ihnen macht. Es kann gutgehen, wenn die Beteiligten es gut meinen, wenn sie Rücksicht auf die kindlichen Körper nehmen und liebevoll und schützend die Hand über ihr Schicksal halten. Aber es kann auch die Hölle auf Erden werden, das bittere Leben moderner Sklaven! Die Kinder sind dem Stolz und der Willkür der Erwachsenen ausgeliefert und müssen gehorchen. Es sind Leben, die nichts wert sind, ohne Schutz durch die Eltern oder den Staat, ohne eine Macht oder Kraft, die sich für sie einsetzen will. Über die Demütigung und Gewalt gegen Frauen berichtet Maria von Welser in ihrem Buch »Wo Frauen nichts wert sind«. Sie beschreibt Frauenleben in Afghanistan, Indien, im Kongo, in Pakistan und Bosnien. Anhand von Einzelschicksalen kommen Opfer zu Wort und erzählen von ihren Schicksalen, von der Macht und Überlegenheit der Männer und dem fehlenden Respekt Frauen gegenüber.

Terre des Femmes nennt Kinderehen »verwehrte Kindheiten«. Diese Bezeichnung beschreibt anschaulich das Schicksal der jungen Mädchen. Ihnen werden ihre Menschenrechte, ihr Recht auf körperliche Unversehrtheit und ein selbstbestimmtes Leben verwehrt. Sie können keinerlei Rechte einfordern, wenn sie als Kinder in einer Ehe landen. Mit der Verheiratung eines Kindes geben Eltern ihre Pflicht und Verantwortung an die Schwiegerfamilie bzw. den Ehegatten des Kindes ab. In solch einer Ehe, meist mit einem wesentlich älteren Mann, sind die Mädchen völlig hilflos ausgeliefert. Neben psychischen Folgen hat eine Frühehe auch physische Folgen, etwa durch eine frühe Schwangerschaft. Je jünger die Braut, desto größer sind hier die Risiken. Laut WHO ist die zweithäufigste Todesursache von Kinderbräuten die Geburt des Kindes, gefolgt von Selbstmord.

In Gesellschaften, in denen keine sexuelle Aufklärung stattfindet und die Geschlechter streng getrennt gehalten werden, in Gesellschaften, in denen die Ehre der Mädchen durch ihre Keuschheit definiert wird und in denen Armut und Patriarchat herrschen, in solchen Gesellschaften rutschen die Mädchen von einer merkwürdigen, für sie nicht nachvollziehbaren Situation in die nächste. Plötzlich sind sie Bräute, Ehefrauen und Mütter, ohne je eine Kindheit gehabt zu haben. Viele junge Mädchen sind mit den körperlichen Ereignissen überfordert, schämen sich, haben Angst, über ihre Sorgen zu sprechen, da Sexualität tabu ist. Sie wissen, dass sie etwas Wertvolles haben, das die Männer besitzen wollen. Gleichzeitig wird ihnen eingeredet, dass ihre Körper böse und provokant sind. Es ist unvorstellbar, mit welcher emotionalen Last die Mädchen fertig werden müssen. Sie sind selbst noch Kinder und tragen innerhalb kürzester Zeit Verantwortung für ein Baby.

Girls Not Brides ist ein weltweites Netzwerk, das sich gegen Frühehen einsetzt. »Child marriage is any formal marriage or informal union where one or both of the parties are under 18 years of age. Each year, 12 million girls are married before the age of 18. That is 23 girls every minute. Nearly 1 every 2 seconds.« (»Kinderehe ist eine formelle Ehe oder informelle Vereinigung, bei der eine oder beide Parteien unter 18 Jahre alt sind. Jedes Jahr heiraten zwölf Millionen Mädchen vor ihrem 18. Geburtstag. Das sind 23 Mädchen pro Minute, alle zwei Sekunden fast ein Mädchen.«) Diesen Satz findet man auf der Startseite von https://www.girlsnotbrides.org/about-child-marriage. Über 500 NGOs sind in den verschiedensten Ländern engagiert. Auch hier wird betont, dass Kinderehen ein globales Problem sind: »Child marriage is a truly global problem that cuts across countries, cultures, religions and ethnicities. Child brides can be found in every region in the world, from the Middle East to Latin America, South Asia to Europe.« (»Kinderehen sind ein globales Problem, das ganze Länder, Kulturen, Religionen und Ethnien berührt. In allen Regionen der Welt sind Kinderbräute zu finden, vom Nahen Osten bis nach Lateinamerika, von Südasien bis nach Europa.«) Sowohl die prozentualen als auch die absoluten Zahlen zu Kinderehen weltweit sind erschreckend. Die Mitglieder des Netzwerks arbeiten vor Ort mit Familien, Ehefrauen, Stammesführern und anderen wichtigen Personen. Langfristig angesetzte Aufklärungsarbeit kann regionale Veränderungen erreichen. Da patriarchale Denkstrukturen und traditionelle Geschlechterrollen weltweit großen Zuspruch erfahren und althergebrachte Gewohnheiten (»das war schon immer so ...«) in vielen Gesellschaften fest verankert sind, ist es sehr schwierig, von außen gegen dieses System anzukämpfen. Viele Mädchen ertragen ihr Schicksal schweigend und sehen keine Alternativen. Kinderehen sind der Anfang eines Teufelskreises. Erst werden Rechte verwehrt, dann folgt eine Unterordnung in ein System, in dem Mädchen abhängig von der Schwiegerfamilie und dem Ehemann existieren. Ein eigener Wille und individuelle Wünsche können gar nicht entwickelt werden. Gesellschaftlich vorgegebene Rollen werden angenommen, und alles läuft von Generation zu Generation. Viele Mädchen arrangieren sich, andere werden krank und verfallen in Depressionen. Schleichend beginnt ein seelischer Verfall, der jedoch niemanden interessiert, da die Aufrechterhaltung des Systems und der Familientraditionen im Vordergrund steht. Durch eine frühe Ehe werden Mädchen in eheliche Pflichten gezwungen, sie müssen ihrem Ehemann sexuell zur Verfügung stehen, ihre Arbeitskraft wird von der gesamten Familie ausgebeutet, ihnen wird die Chance auf Schule und Bildung genommen. Für die Mädchen bedeutet eine frühe Ehe, dass ihr Lebensweg vorgezeichnet ist und sie selbst keine Veränderung anstreben können. Sie können sich nur noch ihrem Schicksal fügen oder sich das Leben nehmen, was auch tatsächlich viele tun. Hierzu gibt es leider keine Zahlen.

Es ist nachgewiesen, dass Frauen, die Bildung genossen und einen Beruf erlernt haben und die ein freies und selbstbestimmtes Leben führen, ihre Töchter nicht im Kindesalter verheiraten. Im Gegenteil: Selbst wenn die Töchter früh heiraten wollen, unterstützen diese Mütter ihre Töchter, damit sie einen Beruf erlernen und eine gewisse Unabhängigkeit, Freiheit und Selbstbestimmung erreichen. Je nach Land und Möglichkeiten unterscheidet sich diese Unterstützung, in jedem Fall aber sind die Mütter bestrebt, ihre Töchter zu stärken. Insbesondere religiös-konservative, patriarchal-dominante Gesellschaften, die Frauenrechte nicht anerkennen, plädieren für Frühehen. In Saudi-Arabien gibt es kein gesetzlich vorgeschriebenes Mindestalter für eine Heirat. Männliche Privilegien werden gern verfestigt und als göttlich gewollte Ordnung und biologische Bestimmung präsentiert.

Es geht mir hier nicht darum, Muslime an den Pranger zu stellen. Alle Religionen sind im Kontext patriarchal organisierter Gesellschaften entstanden, deren soziale Strukturen männlich dominiert waren. In westlichen Gesellschaften ist jedoch im Laufe der Zeit eine Frauenbewegung herangewachsen, der es gelang, viele Ungerechtigkeiten und Ungleichheiten zu überwinden. Auch die Dominanz der Religion in der Öffentlichkeit und im Alltag ist in vielen westlichen Ländern im Vergleich zu früheren Jahrhunderten zurückgedrängt und zu einer Privatangelegenheit erklärt worden. Frauen haben die Möglichkeit, über ihr Leben zu entscheiden und sich frei zu entfalten. In islamisch regierten Ländern ist mit der Scharia eine willkürliche Auslegung für das Heiratsalter von Mädchen möglich. Aus den Quellen und Überlieferungen der islamischen Grundsätze werden Gebote und Verbote für den Alltag von Muslimen deklariert. Da sein Leben Vorbildfunktion hat, wird dem Reden und Handeln des Propheten nachgeeifert. Mit der Begründung, der Prophet habe seine Lieblingsfrau Aischa mit neun Jahren geehelicht, sehen strenggläubige Muslime eine Legitimation der Kinderehe gegeben. Entsprechend werden Kinderehen in vielen Ländern anerkannt und sind gängige Praxis. Je nach Glaubensrichtung und Rechtsschule werden religiöse Gebote unterschiedlich ausgelegt. Grundsätzlich wird das islamische Recht zitiert und als Begründung auf das Leben des Propheten verwiesen. Damit ist jeglicher Widerspruch vergeblich, da diese Autorität hier als gottgegeben und unantastbar gilt. Die erste Frau des Propheten, Khadija, war 40 Jahre alt und bereits zweimal geschieden, als Muhammad sie mit 25 Jahren heiratete. Sie war eine gutsituierte Geschäftsfrau, die ihm eine weise und starke Gefährtin war. Erst nach ihrem Tod heiratete er wieder. Diese Überlieferung wird, zum Nachteil der muslimischen Frauen, häufig ignoriert. Vielen Männern und männlich dominierten Gesellschaften gefällt die Idee einer starken, unabhängigen und freien Frau nicht. Sie sind zufriedener, wenn sie mächtiger sind als die Frau und bestimmen können, ob sie reisen oder arbeiten darf.

Khaled Hosseini erzählt in seinem Roman »Tausend strahlende Sonnen« die traurige Geschichte von Mariam, die aus einer unehelichen Beziehung stammt. Ihre Mutter, die als Hausangestellte arbeitet, wird vom Hausherrn geschwängert und nach der Geburt der Tochter samt Kind in ein abgelegenes Dorf verbannt. Zwar unterstützt ihr Vater sie und ihre Mutter, jedoch steht er nicht offiziell zu ihr. Nach dem Tod der Mutter besteht für die junge Mariam der einzige Ausweg, um zu überleben, in einer Heirat mit einem älteren Mann, der für sie sorgen kann.

Das herzzerreißende Schicksal der Protagonistin beschreibt die Lebensumstände in Dörfern und Städten Afghanistans. Der Erzähler zeigt das Leben der Menschen in patriarchalen Strukturen, Armut, Chancenlosigkeit, den Erhalt von unermesslicher Macht durch Unterdrückung und Gewalt, die Demonstration von Herrschaft und Willkür sowie den Analphabetismus in einem Land, das in den letzten 40 Jahren fast nur Krieg kannte. Hosseini zeigt die Traumatisierung der Menschen durch Leid, Elend, Hunger und die unerträglichen Lebensbedingungen. Auch wenn es sich nur um einen Roman handelt, sind das die Gründe und Umstände, die es zu bekämpfen gilt, wenn wir Kinderehen abschaffen wollen.

Mit den Flüchtlingen ist das Phänomen der Kinderehe nach Europa zurückgekehrt und vor unserer Haustür sichtbar geworden. 2016 gab es laut Ausländerzentralregister fast 1500 verheiratete minderjährige ausländische Personen, davon 360 unter 14 Jahren, wobei Migranten mit deutscher Staatbürgerschaft in dieser Statistik nicht auftauchen. Forderungen wurden laut, die Ehemündigkeit im Interesse des Kindeswohls auf 18 Jahre zu heben. Denn bis dato konnte mit Erlaubnis der Eltern auch in Deutschland ein Kind mit dem vollendeten 16. Lebensjahr heiraten. Die Bundesregierung hat nach langer Beratung beschlossen, alle Ehen aufzuheben, in denen mindestens einer der Eheleute unter 16 Jahre alt ist. Die betroffenen Kinder kommen dann in die Obhut des Jugendamtes. 2017 wurde mit dem Gesetz zur Bekämpfung von Kinderehen das Ehemündigkeitsalter auf 18 Jahre festgelegt, auch für Ehen, die im Ausland geschlossen wurden. Das BGB regelt die Voraussetzungen zur Eingehung der Ehe, die Ehefähigkeit und die Aufhebungsgründe für eine Ehe. Paragraph 1303 Ehemündigkeit lautet: »1. Eine Ehe darf nicht vor Eintritt der Volljährigkeit eingegangen werden.

2. Mit einer Person, die das 16. Lebensjahr nicht vollendet hat, kann eine Ehe nicht wirksam eingegangen werden.« Paragraph 1314 Aufhebungsgründe besagt: »(1) Eine Ehe kann aufgehoben werden, wenn sie 1. entgegen § 1303 Satz 1 mit einem Minderjährigen geschlossen worden ist, der im Zeitpunkt der Eheschließung das 16. Lebensjahr vollendet hatte, oder 2. entgegen den §§ 1304, 1306, 1307, 1311 geschlossen worden ist.« Mit diesen neuen Bestimmungen können seit Juli 2017 bestehende Kinderehen aufgehoben bzw. keine mehr geschlossen werden.

Kritiker behaupten, Familien würden damit auseinandergerissen, die Nichtanerkennung der Ehe sowohl in der Heimat als auch in der eigenen Community würde für die Betroffenen Nachteile bringen. Der Zentralrat der Muslime in Deutschland beanstandet in seiner Stellungnahme die Einschränkung der Persönlichkeitsrechte der Jugendlichen und betont, dass Einzelumstände zu beachten seien. Ich kann dem nicht zustimmen, da meine Erfahrung mit Jugendlichen verschiedenster Herkunft mich gelehrt hat, dass Jugendliche sich nie für eine standesamtliche Ehe bzw. die damit verbundenen Pflichten und Zwänge entscheiden, wenn sie unehelich Beziehungen oder Freundschaften eingehen können. Anders formuliert: Wenn junge Menschen frei, selbstbestimmt und unabhängig über ihren Lebensweg entscheiden können, wollen die wenigsten unter 18 Jahren, geschweige denn unter 16 Jahren heiraten. Es sind meistens die familiären Umstände, die gesellschaftlichen Zwänge und Verbote sowie mangelnde Bildung, die junge Menschen in eine frühe Ehe zwingen. Wenn sich jedoch junge, volljährige Menschen mit einem Schulabschluss oder einer fertigen Ausbildung, also wirklich bewusst für eine frühe Heirat entscheiden, dann ist dem nichts entgegenzusetzen. Zwar sind sie auch dann noch jung und unerfahren, aber sie sind dem System Familie und Tradition nicht völlig hilflos ausgeliefert, da sie ein Minimum an Wissen und Aufklärung haben und sich im Notfall Hilfe holen können.

Auch kann ich dem Argument, dass eine Aufhebung der Ehe von Minderjährigen diese innerhalb der Familie ausgrenzen würde, nicht zustimmen. Häufig orientieren sich streng konservativ geprägte patriarchale Gesellschaften ohnehin nicht maßgeblich an rechtlichen Paragraphen, sondern an ihren individuellen Traditionen. Beispielsweise feiern viele türkische Familien ihren Hochzeitstag nicht gemäß dem standesamtlichen Datum, sondern am Tag der gesellschaftlichen oder religiösen Hochzeitsfeier. In traditionellen Gesellschaften ist insbesondere die Hochzeitsnacht relevant, da damit die Ehe endgültig vollzogen wird. Viele dörfliche Ehen, die in der Moschee oder im familiären Kreis geschlossen werden, werden erst Jahre später standesamtlich erfasst. Ich hatte eine Familie beraten, deren Tochter per Gesetz bereits mit einem Mann aus der Türkei verheiratet war, jedoch verunglückte der Bräutigam vor der Hochzeitsfeier. Die Familie ließ mit der Begründung, die Tochter sei noch Jungfrau, die Ehe in der Türkei annullieren. Auch das zeigt, dass viele konservative Familien andere Maßstäbe haben, als gesetzlich festgelegt. Deshalb sendet ein ausdrückliches Verbot der Minderjährigenehe und die Annullierung solcher im Ausland geschlossener Ehen ein wichtiges Signal: Wir sind gegen die Heirat von Minderjährigen! Wir ächten Kinderehen!

Ergänzen möchte ich, dass eine Scheidung von in Deutschland lebenden Türken, deren Ehe in der Türkei geschlossen worden ist, dort noch einmal von einem Gericht wiederholt werden muss. Bis das geschieht, sind die Ehepartner in der Türkei offiziell verheiratet. Eine Vorlage der Scheidungsurkunde aus Deutschland wird nicht anerkannt. Auch diese Tatsache belegt, wie wichtig es ist, zu bestimmten Themen eine klare Position zu beziehen, unabhängig von Rücksichten auf kulturelle Besonderheiten. Es muss heißen: Ein uneingeschränktes Nein zu Kinderehen! Keine Einzelfallentscheidungen und keine Ausnahmen. Kinder sind Kinder!

Wir wollen die Kinder mindestens bis zu ihrem 18. Lebensjahr schützen und von gesellschaftlichen Traditionen fernhalten, die ihre berufliche und persönliche Zukunft einschränken. Genau in diesem Punkt unterscheiden sich die häufig von traditionellen Familien als Gegenargument gebrachten europäischen Teenie-Mütter, die bereits mit 14 oder 15 Jahren Kinder bekommen. Ja, auch bei ihnen wirken sich die Umstände negativ auf ihr Leben aus und verwehren ihnen etliche berufliche Möglichkeiten. Ich sehe aber gravierende Unterschiede: Häufig stehen die eigenen Eltern hinter den Mädchen und unterstützen sie darin, eine Ausbildung zu absolvieren. Teilweise bleiben die Mädchen zu Hause bei ihren Eltern wohnen und werden nicht in die Familie des Kindsvaters übergeben, wo sie sich unterordnen und bestimmte Aufgaben erfüllen müssen. In jungen Jahren ein Kind zu bekommen ist für ein Mädchen, das selbst noch ein Kind ist, immer eine körperliche und auch emotionale Belastung. Es ist aber ein Unterschied, ob ihm mit einem gesellschaftlichen, ehelichen Rahmen Grenzen gesetzt werden und es in die Rolle der Hausfrau und Mutter gedrängt wird, oder ob sie noch die Chance bekommt, seinem Leben eine andere Wende zu geben. Wobei diese Wende auch in der Trennung von dem Freund und Vater des Kindes liegen kann, der ebenfalls jung ist und womöglich keine familiäre Verantwortung tragen möchte. Dem Mädchen eröffnet sich damit die Chance auf einen neuen Partner, eine neue Beziehung. In modernen Gesellschaften wird die Ehre der Frau nicht mehr über ihre Keuschheit oder sexuellen Erfahrungen definiert.

Es sind zwar in erster Linie die eigenen Familien, die sie verkaufen oder verheiraten; aber es sind häufig gesellschaftliche Benachteiligungen, Diskriminierung, politische Missstände oder Armut, die ihren Familien den Weg zu solch einem Handeln ebnen. In reichen, gebildeten und privilegierten Familien kommt das Phänomen der Kinderehe nicht vor, niemand gibt hier die Tochter als Braut weg. Das unfassbare Leid und die Traurigkeit, die Kinder in solch frühen Ehen erleben, wirken traumatisierend und sind kaum heilbar, wenn die Kinder zu lange diesen Zuständen unterworfen sind. Das ist auch ein Grund, warum wir uns ausnahmslos gegen Kinderehen stellen müssen. Die Vergangenheit hat gezeigt, dass Gesetze zwar nicht sofort Erfolge zeigen, langfristig aber das Bewusstsein der Menschen, ihre Denkweise und damit ihr Handeln verändern.

Wissenschaftler erforschen weltweit die Geschehnisse in Regionen, in denen Mädchen Frühehen drohen. Ihre Daten bieten die Grundlage für die Entwicklung von Projekten, die den Menschen langfristig helfen sollen. Kurzfristig sind für die Betroffenen weder Diskussionen noch die weltweite Empörung eine Hilfe. Die Aktionen müssen vor Ort stattfinden. Bildungsprojekte, Aufklärung zum Thema Gesundheit und Sexualität für die Erwachsenen, und Frauenhäuser, die bei Gefahr Schutz bieten können, müssen in diesen Regionen eingerichtet werden. Durch solche niedrigschwelligen, kleinen Angebote ist es möglich, Menschen anzusprechen. Sobald Familien ihre Vorteile und Freiheiten erkennen, sind sie bereit, sich zu verändern. Allerdings ist dies ein langer und mühsamer Weg. Denn mehr noch als die traditionellen Familien und die vorherrschenden strengen Moralvorstellungen sind es politische Interessen, die eine Entwicklung verhindern. In Ländern, die von einem Helden- und Führerkult getragen und regiert werden, verbunden mit der Ideologie eines auserwählten Volkes oder eines einzig wahren Glaubens, kann die Obrigkeit nur mit Gewalt und Repressalien regieren. Und das funktioniert von oben nach unten bis in die einzelnen Familien hinein, die ihrerseits den Druck an die nächst Schwächeren in der Reaktionskette weitergeben. Männer, die sich als Familienoberhaupt verstehen und nur ihren Willen durchsetzen wollen, können das langfristig nur mit Gewalt tun. Jeder Mensch wünscht sich ein freies und gutes Leben, niemand möchte der/die unterdrückte Sklave/Sklavin eines anderen sein. Der Kampf zwischen Macht und Ohnmacht ist eine jener Grundstrukturen, die das Zusammenleben von Menschen belastet und gerade Frauen immer wieder in ihren Menschenrechten und Grundrechten einschränkt. Häufig sind sie dem ohnmächtig ausgeliefert und beugen sich den Machtstrukturen der Männer, da ihr Leben ihnen keine Alternative bietet. Das gilt insbesondere für Länder, in denen ihre Rechte nicht staatlich garantiert und verteidigt werden. Konservative Denkweisen sehen in dieser Unterdrückung eine von Gott gewollte Ordnung und biologisch begründete, traditionelle Geschlechterrollen. Alle Errungenschaften der Moderne wie z. B. Technik, Medizin oder Medien werden weltweit schnell und gern angenommen. Aber gesellschaftliche Veränderungen zu akzeptieren, fällt vielen Menschen schwer, insbesondere traditionellen Familien, obwohl auch sie Teil der Moderne sind. Hier zeigt sich auch die Scheinheiligkeit bzw. Doppelmoral, mit der Macht aufrechterhalten wird.

Dass Eltern um ihre Töchter besorgt sind und sie schützen wollen, kann ich absolut nachvollziehen. Aber es ist auch Aufgabe der Eltern, ihre Töchter in ein selbstbestimmtes und freies Leben zu begleiten und für sie da zu sein. Jede junge Frau hat das Recht, ihren Partner frei zu wählen, was nicht bedeutet, dass Eltern ihre Bedenken bzw. Ängste nicht formulieren dürfen. Aber es ist ein Unterschied, ob man auf Augenhöhe mit der Tochter spricht und Argumente austauscht oder ob man sie in eine gesellschaftlich vorherbestimmte Ehe drängt. Bei diesen Ausführungen muss ich an das Buch von Tuba Sarica denken. In »Ihr Scheinheiligen! Doppelmoral und falsche Toleranz – die Parallelwelt der Deutschtürken und die Deutschen« beschreibt sie, wie es ihr in ihrer strengen Familie nach dem Tod ihres modernen und liberalen Vaters erging. Das Buch ist ein persönliches Statement, ein verzweifelter Schrei nach Freiheit und Individualität in der Parallelwelt, in der sich ihre Familie befindet. Auch wenn die Autorin ihre persönlichen Erfahrungen sehr pauschal und vereinfacht darstellt, bekommt man ein Gefühl für die mangelnde Teilhabe am modernen Alltag, für die Frustration und den Ärger, mit dem man sich plagt, wenn man aus streng patriarchalen und traditionellen Elternhäusern kommt und das Umfeld der Familie einen noch weiter einschränkt. Glücklicherweise ist es Tuba Sarica gelungen, ihren eigenen Weg in ein modernes Leben zu finden. Ihr Beispiel zeigt, dass sich Kampf und Aufbegehren lohnen. Es ist der einzige Weg, die Rechte zu gewinnen, die jedem Menschen zustehen. Und es ist genau derselbe Kampf, den Frauen in Europa Mitte des 19. Jahrhunderts ausgefochten und dem sich Frauen im Arabischen Frühling angeschlossen haben und den Frauen im Nahen Osten und armen Regionen Lateinamerikas bis heute führen. Die archaischen Ideen, die Unterdrückung der Frau im Namen von Religion und Tradition oder Rechtspopulismus sind immer dieselben, manchmal oberflächlich sichtbar und manchmal subtil und erst auf den zweiten Blick auszumachen. Es steckt ein patriarchales System dahinter, eine Weltanschauung, die Männern Privilegien sichert und jegliche Form von Widerstand mit Abwehr bekämpft.

Nicht die Religion per se ist es, sondern ihre konservative, wortwörtliche Auslegung durch Fundamentalisten, die in unserer heutigen Zeit völlig überholt ist und vorhandene Machtstrukturen krampfhaft verfestigt. Leider ist diese Auslegung in den meisten islamischen Ländern tonangebend. Aufgrund bestehender Diktaturen, Monarchien oder anderer repressiver Systeme haben liberale Muslime in ihren Herkunftsländern kaum die Chance, eine moderne oder zeitgemäße Auslegung der Religion durchzusetzen. In Deutschland liegt in Sachen Islam die Deutungshoheit bei denjenigen Vereinen bzw. Religionsgemeinschaften, die organisiert und finanziell gut aufgestellt sind. Meist sind das eher die Konservativen, die zwar bei weitem nicht alle Muslime repräsentieren, aber dennoch in wichtigen Gremien sitzen und mitentscheiden. Traditionell war für türkeistämmige Muslime der Ansprechpartner für Bund und Länder die DITIB. Erst in den letzten Jahren gibt es etwa auch Staatsverträge mit alevitischen Gemeinden. Die weltweite Deutungshoheit für den Islam beansprucht der sunnitische Islam, zu dem etwa 80 Prozent aller Muslime zählen. Diese wiederum haben vier Rechtsschulen, die in ihrer Exegese unterschiedliche Lesarten haben. Großen Einfluss hat die besonders strenge Lesart der Wahhabiten aus Saudi-Arabien. Auch die von Iran dominerte schiitische Auslegung, der die restlichen 20 Prozent Muslime folgen, lässt in ihrer Form wenig Raum für Reformen. Es gibt inzwischen weltweit mehrere liberale Gemeinden, die einen Reformislam vertreten. Hierzu zählt in Deutschland beispielsweise die von der Rechtsanwältin und Menschenrechtlerin Seyran Ateş gegründete Ibn-Rushd-Goethe-Moschee oder der Liberal-Islamische-Bund, beide mit Sitz in Berlin.

Eine typische Aussage vieler Eltern, die ich beraten habe, lautet etwa so: »Wir wollen ja, dass unsere Töchter sich bilden, einen

Beruf erlernen und auch studieren. Sie sollen es besser haben als wir und sich ein schönes Leben aufbauen. Aber es ist wichtig, dass sie zu Hause wohnen bleiben, keinen Freund haben, nicht unehrenhaft ausgehen (hierzu zählt bei vielen Familien schon ein Kinobesuch oder ein Nachmittag in einem Eiscafé, und an einen Theaterabend oder einen Restaurantbesuch mit Freunden ist gar nicht zu denken) und nach unserer Familientradition mit einem zu unserer Familie passenden Mann heiraten. Damit sie uns gehorchen, müssen wir sie jung verloben und die Ehe praktisch schon unter Dach und Fach bringen. Denn wenn sie älter werden und ihre Augen öffnen, gehen sie nicht mehr unseren Weg.« Für mich bedeutet das, dass diese Eltern ihre Töchter am liebsten mit geschlossenen Augen verheiraten möchten, ohne dass diese wissen, was auf sie zukommt. Es zerreißt mir das Herz, denn die meisten der Eltern, die ich beraten habe, waren jung und kamen aus ländlichen Gebieten oder kleineren Städten aus der Türkei. Es ist ein krankhaftes Festhalten an Dorfstrukturen, die in modernen, liberalen und freien Großstädten nicht haltbar sind.

All diese Beispiele zeigen, dass wir auf verschiedenen Ebenen wirken müssen, um Kinderehen abzuschaffen. Die Bekämpfung von Armut und der Mangel an Bildung und Aufklärung sowie die Abschaffung der männlichen Dominanz, die über das Leben von Ehefrauen, Töchtern oder Schwestern bestimmen will, stehen dabei an erster Stelle. Ein weltweites, gesellschaftliches Umdenken und die Überzeugung von der Gleichberechtigung der Geschlechter ist das Fundament, damit Mädchen dieselben Chancen bekommen wie Jungs.

9. DIE GETÖTETEN TÖCHTER

Wie es zu Ehrenmorden kommt

»In vielen Teilen der Gesellschaft werden Opfer von Vergewaltigungen und Frauen, die des vorehelichen Geschlechtsverkehrs oder des Ehebruchs beschuldigt werden, von ihren Verwandten ermordet. Die Rechtfertigung für die Morde ist der Verlust der Jungfräulichkeit, der als Angriff auf die Ehre der Familie verstanden wir.« So eine Definition des Regionalen Informationszentrums der Vereinten Nationen für Westeuropa zum Thema Ehrenmorde. Man schätzt, dass jährlich weltweit mehr als 5000 Frauen Opfer sogenannter Ehrenmorde werden.

»Gewalt im Namen der Ehre umfasst verschiedene Formen von Gewalt, die zum Erhalt oder der Wiederherstellung der vermeintlichen Familienehre angewandt werden«, so beschreibt das Projekt »STOP harmful traditional practices – Patriarchale Gewalt verhindern« von *Terre des Femmes* den Ehrenmord. Die Frauenrechtsorganisation zählte 2017 insgesamt 13 Ehrenmord-Fälle in Deutschland.

Nach Schätzungen von Honour Based Violance Awereness Network (HBVA), einem internationalen digitalen Forschungsnetzwerk zum Thema »Gewalt im Namen der Ehre«, gibt es in Indien und Pakistan jeweils etwa 1000 Ehrenmord-Fälle. »Gewalt im Namen der Ehre kommt in männlich dominierten

Gesellschaften vor, in denen die Männer auf die Kontrolle der weiblichen Autonomie bestehen«, lautet die Definition auf der Website des Netzwerks. Im Türkischen spricht man von »töre ve namus cinayetleri« (Morde wegen Sitte/Brauch und Ehre). Dieser Begriff klingt zwar etwas umständlich, beinhaltet aber eine sehr gute Erläuterung, die den Hintergrund eines solchen Mordes klar definiert. Das Wort »namus« bedeutet »geschlechtliche Ehre« und unterscheidet sich von dem Wort »şeref« (Ehre, in Sinne von honour, wie man den Ehrbegriff auch in Europa kennt).

Seit dem Mord an Hatun Sürücü 2005 in Berlin hat sich das Wort »Ehrenmord« in Deutschland etabliert. Ein völlig unpassender Begriff, denn es handelt sich um Morde ohne jegliche Ehre. Sie werden auch als »Morde im Namen der Ehre« bezeichnet. Hatun Sürücü war eine kurdisch-stämmige Deutsche, das fünfte Kind unter insgesamt zehn Geschwistern. Sie lebte mit ihrer Familie in Berlin und wurde als 16-Jährige mit einem Cousin in der Türkei zwangsverheiratet. Mit 17 bekam sie ihren Sohn. Nach einer Auseinandersetzung mit ihrem Mann und dessen Familie kehrte sie nach Deutschland zurück, legte das Kopftuch ab, absolvierte eine Ausbildung und verfolgte ihren Plan, frei und unabhängig zu leben. Den traditionellen Vorstellungen ihrer Familie widersprach diese Lebensform, nicht zuletzt auch die Tatsache, dass sie später einen Freund hatte. Hatun wollte den Kontakt zu ihrer Familie aufrechterhalten und gab die Hoffnung nicht auf, dass sie trotz der unterschiedlichen Einstellungen zum Leben irgendwann wieder einen Weg zur Familie finden würde. Einer ihrer Brüder besuchte sie in ihrer Wohnung. Bei der Verabschiedung an der Bushaltestelle richtete er die 23-Jährige mit drei Kopfschüssen hin. Sie hinterließ einen sechsjährigen Sohn.

Auch der dramatische Fall von Morsal Obeidi aus Hamburg erregte viel Aufsehen. Die 16-Jährige wurde im Jahr 2008 von ihrem Bruder auf einen Parkplatz gelockt und mit mehr als 20 Messerstichen getötet. Die deutsche Jugendliche afghanischer Herkunft litt zu der Zeit schon jahrelang unter der Gewalt ihrer Familie. Eigentlich war sie ausgezogen und hatte in einer geschützten Unterkunft ein neues Leben angefangen. Jedoch sehnte sie sich immer wieder nach ihrer Familie und hielt an der Hoffnung fest, dass diese sie irgendwann verstehen und ihre Wünsche nach einem freien Leben akzeptieren würde. Diese Sehnsucht wurde ihr zum Verhängnis.

Die Juristin Esma Çakir-Ceylan beschreibt das unterschiedliche Verständnis von Ehre in Deutschland und der Türkei, wobei sie den Ehrbegriff im Türkischen als »Ehre im Rahmen einer Familienordnung« charakterisiert. Demnach gilt die Ehre als verletzt, »wenn sich ein weibliches Familienmitglied nach den Vorstellungen seiner Familie und seines sozialen Umfeldes nicht keusch genug verhält«. Während also »şeref«/»onur« die Achtung und Stellung des Einzelnen in der Gesellschaft kennzeichnet, bezieht sich »namus« auf den guten Ruf, die Keuschheit und den Anstand und wird als »sexuelle Unantastbarkeit der Frau verstanden«, wie Esma Çakir-Ceylan weiter erklärt. Aufgabe der Frau ist es, die Keuschheit und Reinheit zu wahren, die Verteidigung dieser Form der Ehre ist Aufgabe der Männer. Das sexuell keusche Verhalten der Frau definiert die Ehre des Mannes. Und der Mann ist permanent in der Pflicht, diese Ehre zu verteidigen. Wenn sie verloren geht, wenn also die Frau beginnt, sexuelle oder auch nur freundschaftliche Beziehungen zu Männern einzugehen, verlieren die männlichen Mitglieder ihrer Familie ihren guten Ruf. Die Frau verliert ihren Wert – etwa als Heiratskandidatin – und wird von anderen Frauen gemieden, da sie nun einen schlechten Einfluss ausüben könnte. Insbesondere in der islamischen Welt vermittelt der Begriff »namus« das Rollenverständnis von Mann und Frau. Geprägt ist diese Denk- und Lebensweise durch Traditionen und Bräuche und wird durch die familiäre Struktur von einer Generation an die nachfolgende weitergereicht. Eine solche Vorstellung und Definition von Ehre ist in Deutschland heutzutage völlig fremd. Das ist auch der Grund für viele Missverständnisse und die jahrelange falsche Toleranz von kultureller Andersartigkeit. Man wusste einfach nicht um diese Dimension. Ich nenne sie die Ehre des beleidigten Machos.

Esma Çakir-Ceylan betont in ihrer Untersuchung, dass das Phänomen der Ehrenmorde nicht erst in der Migration entstanden ist, sondern aus der ursprünglichen Heimat mitgebracht wurde. Wenn verschiedene Lebensmodelle im Alltag miteinander konfrontiert werden und es zu einer »Vermischung« kommt, kann sich für offene Menschen daraus eine enorme Bereicherung und Erweiterung ihres Lebens ergeben. Für traditionelle und konservative Menschen hingegen stellt diese Vielfalt eine Gefahr dar. Die Angst vor Erneuerung ist zu groß, zumal diese neuen Modelle alte Macht- und Gesellschaftsstrukturen ins Wanken bringen können.

In ihrer Studie geht Çakir-Ceylan auf Hintergründe ein und erklärt die Gewalt im Namen der Ehre aus verschiedenen Blickwinkeln. Intensiv befasst sie sich mit dem Strafrecht der Türkei vor 2005, in dem der Begriff der Ehre noch eine wichtige Rolle spielte. Ehre war im türkischen Gesetz fest als Strafmilderungsgrund verankert. In Mordfällen wurden das soziale Umfeld, die Vorstellungen und die Lebensbedingungen des Täters berücksichtigt, was in vielen Fällen zu einer Milderung der Strafe führte. Dies hat sich nach Reformen des türkischen Strafrechts, das dem deutschen Strafverfahren über weite Strecken ähnelt, geändert.

Esma Çakir-Ceylan unterscheidet zwischen Ehren- und Traditionsmorden. Während ein Traditionsmord auf dem Beschluss der Verwandtschaft und des Stammes beruht, gilt der Ehrenmord als die Tat eines Einzelnen. Demnach wäre der Fall Arzu Özmen ein Traditionsmord. Die 18-jährige jesidische Kurdin wurde im Jahr 2011von ihrer Familie entführt und von ihrem Bruder durch zwei Kopfschüsse ermordet. Der Grund: Sie wollte nicht nach den traditionellen Vorstellungen der Familie leben und hatte einen Freund. Für die Familie mit zehn Kindern war es nicht auszuhalten, dass die Tochter mit ihrem Verhalten Schande über die Familienehre brachte. In solchen Fällen ist der Täter in den patriarchalen Traditionen einer feudalen Gesellschaft gefangen. Im Gegensatz dazu ist im Fall des Ehrenmords der Täter allein für die Tat verantwortlich, da seine Vorstellungen von Moral und die des weiblichen Mitgliedes aus seiner Familie – häufig handelt es sich um die eigene Ehefrau – abweichen. Der Täter entscheidet, plant und führt seine Tat also alleine aus, nur er ist dafür verantwortlich. Jedoch ist es schwierig, in den in Deutschland vorgefallenen Mordfällen eine solche Abgrenzung vorzunehmen, da im sozialen Leben der Migranten viele Abstufungen vorzufinden sind. Im Beruf und im Freundeskreis leben sie scheinbar frei und nach westlichen Normen und Werten. Innerhalb der Familie jedoch, insbesondere wenn es um die eigene Ehegattin oder Tochter geht, halten sie an mittelalterlichen Wertvorstellungen und traditionellen Rollenmodellen fest. Um die Morde aus solch einem Milieu zu beschreiben, wird in den Verfahren in Europa von fremdkulturellen Wertvorstellungen oder Familienehre gesprochen. Häufig fällt dann vereinfachend der Begriff Ehrenmord, da es letzten Endes um die Vorstellung von Ehre geht.

Der häufigste Grund für den sogenannten Ehrenmord ist in Deutschland im Selbstbestimmungsrecht der Frau zu finden. Dabei gleichen sich die Erklärungen zum Tatmotiv immer wieder: Vehement wird die Jungfräulichkeit der Mädchen bis zur Ehe verteidigt; eine Kontrolle bis hin zur permanenten Überwachung der Mädchen gilt als völlig selbstverständlich; Ablehnung erfährt der westliche Lebensstil. Von der Ehefrau wird Gehorsamkeit verlangt, und ihr wird jeglicher Kontakt zu Männern außerhalb der Familie untersagt. Grundlage für ein solches Verhalten sind Macht- und Besitzansprüche. Das Leben einzelner Frauen ist nichts wert, wenn die Familie es beschlossen hat. Der Ehrenmord wird geplant und legitimiert und findet häufig sogar in der gesamten Community Zustimmung. Gegen derart starre Ansichten haben Einzelpersonen mit abweichenden Anschauungen keine Chance, denn die wenigen Menschen, die den Mädchen in ihrer Lebensauffassung Recht geben, trauen sich nicht, das Wort gegen die übermächtige Community zu erheben.

Häufig wird in Deutschland der islamische Glaube als Erklärung für Ehrenmorde angegeben. In ihrem Buch geht Esma Çakir-Ceylan auf das islamische Recht ein, insbesondere auf das Strafrecht sowie das Ehe- und Familienrecht. Resümierend stellt sie fest, dass die »tief verwurzelten Vorstellungen über die Geschlechterehre im Islam ein selbstbestimmtes Leben einer Frau verhindern«. Ihre Analyse der Koransuren und der Überlieferung zur Stellung und Rolle der Frau ergeben zwar, dass der Ehrenmord in der Scharia, dem islamischen Gesetz, gar nicht thematisiert wird und dass es hier auch keinen kollektiven Begriff der Ehre gibt, weswegen der klassische Ehrenmord seine Wurzeln auch nicht im Islam hat. Sie betont jedoch, dass diese Art von Tötung überwiegend in islamischen Ländern auftritt und die Scharia die Anwendung der Gewalt gegen Frauen bestärkt und unterstützt. In diesem Zusammenhang spricht sie von einer »Doppelmoral« im Islam, die für den Mann die Mehrehe legitimiert, der Frau jedoch nur einen einzigen Ehepartner zugesteht.

Grundsätzlich gilt im Islam die Ehe als die einzig legitime Form des Zusammenlebens von Mann und Frau. Laut Esma Çakir-Ceylan kann man den Koran so interpretieren, dass er die Tötung von Personen unterstützt, die außerehelichen Geschlechtsverkehr haben. Ebenso kann man im Koran Grundlagen für das Züchtigungsrecht des Mannes finden wie auch für das biologisch begründete traditionelle Rollenverständnis der Frau – wenn man den Koran streng interpretiert. Die Praxis der islamisch regierten Länder sehe so aus, »dass die Schande, die die Frau über die Familie gebracht hat, durch Selbstjustiz geahndet wird. Das Rollenverständnis der Täter stammt nicht selten aus der Orientierung an dem Islam.«

Die tief verwurzelten Moralvorstellungen, die mancherorts noch öffentlich gelebt und verteidigt werden, definieren klare Rollen für Frauen und Männer. Es sind genau jene Vorstellungen, die die Migranten mit nach Deutschland bringen und auf deren Durchsetzung sie auch hierzulande pochen – auch dann, wenn dies gegen die Verfassung der neuen Heimat oder gegen die Menschenrechte verstößt. Kommt es hier zu einem Konflikt, werden die individuellen Ansichten über die gültigen Gesetze gestellt. Die Familienmitglieder haben dann auch keine Hemmungen mehr, für den Erhalt ihrer Tradition zu töten, andernfalls drohte die Gemeinschaft zu zerfallen. Junge Frauen, die es dennoch wagen, aus dieser Struktur auszubrechen, werden Opfer jenes Systems, in das sie hineingeboren wurden und aus dem sie nicht einfach ausbrechen können. Aus der Sicht der Familie sind es jedoch die jungen Frauen, die aufgrund ihres unehrbaren Verhaltens Schuld daran tragen, dass zu Selbstjustiz gegriffen werden muss, denn ihre Schande ist es, die es in der Gesellschaft zu bereinigen gilt.

Auch Ayfer Yazgan vertritt in ihrer Dissertation »Morde ohne Ehre« die These, dass »patriarchalische Beziehungen innerhalb der Familie infolge des Machtungleichgewichts der Geschlechter und Kontrolle der Männer über die Frauen den sozialen Kontext der Täter und Opfer enorm prägen«. Ihre Arbeit beginnt sie mit folgendem Zitat: »Ein Mann ist ein Goldbarren und eine Frau wie ein Stück weiße Seide. Wenn Gold schmutzig wird, dann wischt man es einfach ab. Aber wenn ein Stück Seide schmutzig wird, kriegt man es nie wieder sauber – dann kann man es auch genauso gut wegschmeißen.« Diese harten Worte beschreiben ein gesellschaftliches Problem, das via Migration aus Gegenden nach Deutschland importiert wurde, die durch feudale, archaisch-patriarchalische Strukturen geprägt sind. Auch Ayfer Yazgan hebt die Definition der Ehre der Frau als ihre sexuelle Reinheit hervor. Und so ist die Ehre des Mannes dann besonders gefährdet, wenn er heiratet und wenn er heiratsfähige Töchter hat. Die Bedeutung der Ehre in traditionellen Gesellschaften ist nach Ayfer Yazgan deshalb so wichtig, weil sie das einzige wertvolle soziale Kapital dieser Menschen darstellt. Sie orientieren sich an jahrhundertealten Traditionen und setzen sich gegenseitig unter Druck, eine bestimmte Lebensweise zu praktizieren. Menschen, die über Bildung, Besitztümer oder andere Prestigeobjekte verfügen, messen der geschlechtlichen Ehre keinen so großen Stellenwert bei, dass sie dafür Morde begehen würden. Und auch Ayfer Yazgan sagt, dass gerade traditionelle Familien sich nach dem richten, was ihnen vorgegeben und von ihrem Umfeld kulturell fundiert geboten wird. Nur deshalb kann das archaische Prinzip der Ehre eine so überdimensionierte Stellung in ihrem Leben einnehmen, dass sie bereit sind, für diese Ehre zu töten.

Traditionelle Gesellschaften kennen klar definierte Strukturen, die das Zusammenleben der Menschen bestimmen. Sie unterliegen der sozialen Kontrolle der Gemeinde, der Nachbarn oder Verwandten. In diesen engen Raum schlägt das vermeintliche Fehlverhalten einer jungen Frau ein wie eine Bombe. Durch ihr unehrenhaftes Verhalten – das kann ihre als aufreizend empfundene Kleidung oder ein Gespräch mit einem männlichen Schulkameraden sein – verlieren die männlichen Mitglieder in der Familie ihr soziales Prestige. Ihre männliche Identität wird durch die Freizügigkeit im Verhalten der Tochter oder Schwester infrage gestellt. Von diesem sozialen und gesellschaftlichen Druck gegenüber den Männern berichten viele der Täter. Die einzige Chance, ihr persönliches Ansehen zu retten, sehen diese Männer im Tod der Tochter oder Schwester, die Schande über die Familie gebracht hat. Gesellschaftliche Verpflichtungen werden höher erachtet als individuelle Freiheitsrechte. Die Familie ist das Zentrum allen Geschehens, und die Ehre der Familie ist ein heiliges Gut, das alle verteidigen müssen.

Ayfer Yazgan vergleicht die Verbreitung von Ehrenmorden in verschiedenen Ländern und erkennt folgende Gemeinsamkeiten: die patriarchalischen Strukturen, die zentrale Stellung der Familie, sozioökonomische Missverhältnisse sowie falsche Interpretationen der islamischen Glaubensvorstellungen. Grundsätzlich ist der Ehrenmord eine dörfliche Erscheinung, da in den Städten eine große Anonymität und Individualisierung vorherrscht. Wenn aber Familien ihre dörfliche Tradition mit nach Deutschland nehmen und am Rande der Großstädte ein Leben führen wie in den Heimatdörfern, sind die Rahmenbedingungen und das Verhalten identisch.

Ähnlich fallen die Ergebnisse aus, die Anna Caroline Cöster in ihrer wissenschaftlichen Untersuchung »Ehrenmord in Deutschland« präsentiert. Die untersuchten Fälle aus den Jahren 1995 bis 2005 lassen erkennen, dass insbesondere Familien mit geringem Bildungsgrad traditionelle Ehrvorstellungen bei der Zuwanderung nach Deutschland mitnehmen. Cöster führt aus: »So können sich Fragen von Ehre und Schande sowie die Existenz von patriarchalischen und rigiden Geschlechtsrollennormen zu einem tödlichen Risiko verbinden.« Nach Untersuchung und Auswertung der Fälle betont auch Anna Caroline Cöster, dass die Zugehörigkeit zum Kollektiv eine wichtige Rolle bei traditionellen Familien spielt. Insbesondere benachteiligte Minderheitsgesellschaften, z. B. die Kurden in der Türkei, seien auf diese Art des Miteinanders und Schutzes angewiesen. Die Versorgung kurdischer Gebiete im Gesundheits- und Bildungswesen war und ist teilweise bis heute mangelhaft, sodass es dort überdurchschnittlich viele Analphabeten gibt, die aufgrund geringer Bildung und fehlender Sprachkenntnisse auf dem Arbeitsmarkt keine Chance haben. Es ist ein Teufelskreis der Armut, in den über Generationen Familienmitglieder hineingeboren und in der Stammesgesellschaft oder dem Familienclan sozialisiert werden. Die Wissenschaftlerin hebt hervor, dass das Phänomen Ehrenmord nicht auf eine bestimmte ethnische Gruppe bezogen werden könne, viel wichtiger sei es, die tatsächlichen Gegebenheiten und Hintergründe zu erfassen. Nur mit dem Wissen über genaue Hintergründe und Motive der Tat ließen sich langfristig diese feudalen Strukturen bekämpfen.

Die hier angeführten Thesen und Argumente beschreiben genau die Situation, in der sich Hatun Sürücü befand. Sie war 23 Jahre alt, als ihr Bruder sie 2005 erschoss. Matthias Deiß und Jo Goll zeichnen in ihrem Buch »Ehrenmord – ein deutsches Schicksal« sehr detailliert die Familienverhältnisse und die Hilflosigkeit der Polizei und Behörden nach. Hatun Sürücü hatte von der Angst erzählt, die sie vor ihrer Familie hatte, aber die Polizei kann bedrohte Frauen nicht über Monate oder Jahre rund um die Uhr bewachen; dafür fehlen die Kapazitäten. Eine Chance wäre es gewesen, eine neue Identität anzunehmen: einen neuen Namen verbunden mit dem Umzug in eine fremde Stadt. Ein absoluter Neubeginn also, den ein Opferschutzprogramm bieten kann. Doch diese neue Freiheit bedeutet neben Schutz auch völlige Isolation. Kontakte zu Familienmitgliedern und Freunden aus dem vorherigen Leben sind strengstens untersagt. Viele betroffene junge Frauen leben lieber mit der alltäglichen Angst und Gefahr, als dass sie bereit wären, diesen Schritt zu gehen. Es darf nicht vergessen werden, dass diese Mädchen in Systemen sozialisiert wurden, die sie bewusst in Abhängigkeiten hielten und ihnen ein schlechtes Gewissen einredeten, sodass viele der Betroffenen völlig verzweifelt sind und ihr Leben nicht aushalten können, weder das der Unterdrückung in der Familie noch das isolierte, einsame Leben in Freiheit.

Bassam Tibi, emeritierter Professor für internationale Beziehungen und selbst syrischer Herkunft, ist bekannt für seine reformorientierte Interpretation des Islam. In seinen Büchern und Vorträgen macht er deutlich, dass ein Dialog mit konservativen Islamisten nicht möglich ist. Für ihn kann eine Annäherung zwischen Europäern und dem Islam nur mit liberalen Muslimen erfolgen, da eine orthodoxe Interpretation der islamischen Rechtsquellen mit den Gegebenheiten demokratisch geprägter Staaten nicht vereinbar ist. Er begründet dies damit, dass die islamische Zivilisation vom Kollektiv ausgeht und nicht, wie die europäische, vom Individuum. Sowohl westliche wie auch islamische Rechtstraditionen beanspruchen für sich absolute Gültigkeit. Bassam Tibi beschreibt den islamischen Brauch, familiäre Konflikte innerhalb der Familie zu lösen. Mit anderen Worten: Die Menschen suchen nach religiös-traditionellen Lösungen und bemühen sich hierbei um einen Ausgleich statt um eine Rechtsprechung. Dies gilt, wie weiter oben schon erwähnt wurde, auch für Straftatbestände, die in Deutschland unter das Strafrecht fallen würden. Tibi betont, dass der Koran kein kodiertes Rechtssystem bietet, sondern als Rechtsquelle fungiert, die unterschiedlich interpretiert wird. Das Hauptproblem liegt darin, dass über die Offenbarungen im Koran eine Rechtsnorm gebildet wird, die jeweils von der Interpretation und Auslegung eines Rechtsgelehrten abhängt. Europäisches Recht wird hingegen im Parlament verabschiedet, unterliegt dem Wandel und kann damit der Gegenwart angepasst werden. Tibi sieht im Absolutheitsanspruch des islamischen Rechtssystems, also dass hier keinerlei Veränderung möglich ist, einen zentralen Widerspruch zur europäischen Rechtspraxis. Auch im Islam gab es in der Vergangenheit eine auf Vernunft basierende Möglichkeit individueller Rechtsfindung, jedoch wird diese mittlerweile von konservativen Gelehrten abgelehnt. Bassam Tibi schätzt aber gerade diese auf Vernunft basierende Interpretation, die es ermögliche, die Offenbarungen zeitgemäß anzuwenden.

Vom Bundeskriminalamt wurden für den Zeitraum von 1996 bis 2005 genau 55 Fälle von Ehrenmorden bestätigt. Eine Studie des Bundeskriminalamtes spricht von durchschnittlich zwölf Ehrenmorden im Jahr in Deutschland, »die im Kontext patriarchal geprägter Familienverbände verübt werden«. Dabei gilt das Tatmotiv »Ehre« als ein niederer Beweggrund; und so wird der Ehrenmord als Mord bestraft und nicht etwa als Totschlag, wie es früher häufig der Fall war. Seit 1995 werden in Deutschland diese Fälle härter bestraft, und zwar sowohl Täter als auch »Auftraggeber« und weitere Beteiligte.

Anlässlich des Mordes an Arzu Özmen wurde beschrieben, dass die Täter und deren Familien sich über das deutsche Rechtssystem lustig machten, insbesondere über das Jugendstrafrecht. Deshalb wurde auch mit dem damals 22-jährigen Osman Özmen das jüngste männliche Familienmitglied mit dem Mord beauftragt. Er hatte die geringste Strafe zu erwarten. Diese Form von Selbstjustiz beweist, dass das demokratische Rechtssystem und das staatliche Gewaltmonopol von solchen Familien nicht respektiert werden. Viele dieser Familien kennen keine demokratischen Systeme und haben auch keine Erfahrung mit toleranter Erziehung. Deshalb können viele auch den Erziehungscharakter des Jugendstrafrechts nicht begreifen. Sie sehen nur die milde Strafe und wundern sich, warum über die Jugendlichen nicht so hart gerichtet wird wie in ihren Heimatländern.

Im Fall der Ehrenmorde entscheidet ein despotischer Machtanspruch, der das Opfer in eine Situation der Ohnmacht bringt, gegen die es sich nicht wehren kann. Allein die Flucht kann ein Überleben ermöglichen, allerdings nur unter der Bedingung, dass das Opfer nicht doch noch gefunden wird. Exakt dies geschah aber Arzu Özmen. Sie lebte im Frauenhaus, bekam einen neuen Namen und veränderte sogar ihr Aussehen. Es war ihre ältere Schwester, die bei der Stadtverwaltung arbeitete und durch ihren Job an interne Informationen kommen konnte. Arzu hatte zwar großes Glück, dass die Gefahr von Seiten der Behörden richtig eingeschätzt und ihr Fall schnell bearbeitet wurde und sie ihre neuen Papiere abholen konnte. Jedoch wurde es ihr zum Verhängnis, dass sie nicht ins Frauenhaus zurückging, sondern eine Nacht bei ihrem deutschen Freund verbringen wollte. Die Beziehung zu ihm war auch der Grund für die familiären Auseinandersetzungen gewesen. Nach jesidischem Glauben durfte sie nur eine Beziehung zu einem Jesiden haben und musste als Jungfrau in die Ehe gehen. So waren die Bestimmungen ihrer Familie. Ein freies, selbstbestimmtes Leben nach individuellen Wünschen und Vorstellungen war für sie nicht vorgesehen. Nur wenn die Mädchen ihrer Herkunft und der Familie den Rücken kehren, haben sie eine Chance zu überleben. Die wenigsten ertragen diese unmenschliche, emotionale Last. Die Mädchen halten an der Hoffnung fest, dass ihre Familien sie doch verstehen und sie lieben und ihre Wünsche akzeptieren werden. Dabei unterschätzen sie, dass der Druck in der Gesellschaft stärker ist als die Liebe zu einzelnen Familienmitgliedern. Arzu war eines von zehn Kindern. Ihr Leben und ihr individuelles Glück waren nicht von Bedeutung. Die »Schande«, die sie über die Familie gebracht hatte, wog schwerer, ebenso das Ansehen und der Respekt, den eine Familie in der Gesellschaft hat. Ihr Tod spielte hier keine besondere Rolle. Mit den Morden an Hatun Sürücü oder an Morsal Obeidi wird die freiheitlich, demokratische Gesellschaft angegriffen. Die Mehrheitsgesellschaft wird abgewertet, indem die Familien sagen: »Sie wollte leben wie eine Deutsche, deshalb musste sie sterben!«

Auch die 20-jährige Kurdin Gülsüm Semin musste sterben, weil ihr Vater und ihr Bruder meinten, sie habe die Familienehre beschmutzt. Gülsüm stammte aus einer traditionellen, strenggläubigen Familie. Sie hatte fünf Geschwister. Nach dem Selbstmord ihrer Mutter heiratete der Vater erneut, wodurch die Familie um fünf weitere Kinder wuchs. Gülsüm war der Gewalt des Vaters ausgeliefert. In ihrer Abwesenheit verheiratete er sie in die Heimat, allerdings hatte sie in Deutschland einen Freund, von dem sie schwanger wurde. Das Kind ließ sie abtreiben. Am Tag der Tat lockte ihr Vater sie aus ihrer Wohnung, sie wurde von ihren Brüdern und weiteren Mittätern verschleppten und getötet. Im Fall des gewaltsamen Todes von Gülsüm bestrafte das Gericht insbesondere den Vater hart, der als Drahtzieher galt. Das Urteil lautete: lebenslange Haft. Begründet wurde dieses Urteil damit, dass der Vater die Hauptschuld trage. Die anderen Familienmitglieder hätten sich seinem patriarchalischen Weltbild untergeordnet; die Entscheidung zum Mord sei allein von ihm ausgegangen. Dieser Prozess macht die besonders niederen Beweggründe solcher Taten deutlich, die in Deutschland nicht geduldet werden können. Solch ein Mord fokussiert den Blick auf die Familien, die noch immer in ihrer abgeschotteten Welt leben. Bei den von mir genannten Fällen handelt es sich nur um einige aus den letzten Jahren. Genaue Zahlen zu Ehrenmorden gibt es nicht, da hier Todesfälle als Unfälle oder Selbstmord getarnt werden. Manchmal werden die Opfer ins Ausland gebracht, sodass die Tat nicht ans Tageslicht kommt. Außerdem werden in der Kriminalitätsstatistik Ehrenmorde nicht gesondert ausgewiesen. Die Statistik zu den Fällen von 1996 bis 2005 war eine Sonderauswertung.

Erst wenn man auf die Zahlen aus der Türkei blickt, erkennt man die wahre Dimension dieses Phänomens. Nach Angaben der Emniyet Genel Müdürlügü (Polizeioberdirektion) sind in den Jahren 2000 bis 2005 insgesamt 1091 Fälle von Ehrenmord registriert worden. Das sind, mit anderen Worten, durchschnittlich 15 Morde im Monat oder 180 im Jahr (vgl. Mazhar Bağlı/Ertan Özensel: Türkiye'de töre ve namus cinayetleri). Nach Angaben des Justizministeriums der Türkei (Adalet Bakanliği) hat es in den Jahren 2002 bis 2009 bei den Morden an Frauen einen explosionsartigen Anstieg um 1400 Prozent gegeben: Während es 2002 noch 66 Morde waren, wurden 2009 allein in den ersten sieben Monaten 953 Morde registriert (2003: 83, 2004:

128, 2005: 317, 2006: 663, 2007: 1011, 2008: 806). 2012 waren es offiziell 210 Morde. 2017 wurden in der Türkei über 400 Frauen getötet. Und wieder gilt: Viele Ehrenmorde werden als Selbstmorde oder Unfälle getarnt, was die Zahlen verfälscht.

Ich habe schon darauf hingewiesen: Bis vor wenigen Jahren erkannte die Rechtsprechung in der Türkei mildernde Umstände in Ehrenmord-Fällen an, wenn der Täter angab, er sei vom Opfer zur Tat provoziert worden. Beispielsweise konnte der Täter die Untreue oder ein massives Fehlverhalten seiner Ehefrau anführen oder das unehrenhafte Verhalten seiner Exfrau oder Tochter. Die Anerkennung solcher Motive zeigt die patriarchalische und traditionelle Überzeugung der Justiz. Dieses Gesetz wurde 2003 abgeschafft. Ehrenmorde werden seitdem wie Morde bestraft. Geblieben ist der Artikel des Strafgesetzbuches, in dem von einem Mord infolge einer schweren Provokation im »Affekt« die Rede ist. Es passiert immer wieder, dass Täter diese Hintertür nutzen, um mit einem milderen Urteil davonzukommen.

Zwar gibt es seit 2012 in der Türkei ein Gesetz zum Schutz von Frauen vor Gewalt, doch Polizei und Staatsanwaltschaft gehen Beschwerden oft nicht hinreichend nach oder sie gewähren, wie Frauenrechtlerinnen immer wieder beklagen, den Opfern keinen ausreichenden Schutz. Viele Aktivisten geben der konservativen, religiös geprägten Regierung unter Präsident Erdoğan eine Mitschuld an der Gewalt gegen Frauen. Sie sind davon überzeugt, dass durch die Propagierung eines traditionellen Frauenbilds Männer in ihrer Vorstellung bestärkt werden, sie hätten besondere Rechte über Frauen. Trotz der politischen Unruhen, dem Ausnahmezustand und den wirtschaftlichen Problemen des Landes kämpfen Frauen in der Türkei an allen Fronten für ihre Rechte.

Die Geschichte von Kadriye Demirel aus Diyarbakir ist ein Synonym für Unterdrückung geworden, sie hat aber auch viele Frauen wachgerüttelt. Die 15-jährige Kadriye wurde nach einer Vergewaltigung von ihrem Cousin schwanger. Zwar war sie mutig genug, ihn bei der Polizei anzuzeigen; doch es passierte nicht viel. Stattdessen tötete ihr Bruder sie, um die Ehre der Familie wiederherzustellen. Das geschah im Jahr 2004. Als dieser Fall an die Öffentlichkeit kam, gab es weltweite Proteste von Frauen und Frauenorganisationen. Viele gingen nach Diyarbakir, um vor Ort zu demonstrieren. Der Mörder wurde schließlich verurteilt. Dieser Fall ist ein Beispiel dafür, dass das moderne Strafrecht in vielen Teilen des Landes in den Köpfen der Menschen angekommen ist. Wenn auch das Leben der Bevölkerung dort traditionell bestimmt ist, entwickelte sich bei den Bewohnern dieses Dorfs ein Unrechtsbewusstsein, das sie über traditionelle oder individuell religiöse Werte stellten. Ein Signal in die richtige Richtung. Die Familie von Kadriye Demirel war über dieses Urteil geschockt und konnte es nicht nachvollziehen. Das Urteil macht deutlich, dass Selbstjustiz nicht geduldet wird. Im Vergleich zu vielen Scharia-regierten Ländern erweist sich die Türkei hier als fortschrittlich und zeigt, dass ein modernes Strafrecht nicht nur in Europa Zuspruch findet. Und noch eine Besonderheit: Mit Kadriye Demirel haben erstmalig Frauen in der Türkei eine Tote zu Grab getragen, was traditionell die Aufgabe und das Recht des Mannes ist.

Unter Präsident Erdoğan und seiner konservativ islamisch geprägten Politik haben Frauenthemen wieder Hochkonjunktur. Die verschiedenen islamischen Lager, Kemalisten und Liberale diskutieren sehr kontrovers die Rolle der Frau in der Familie und Gesellschaft. In der Türkei, die sich nach der Gründung der Republik 1923 am Schweizer Zivilgesetzbuch als rechtlicher

Grundlage orientierte und die Scharia 1926 abgeschafft hatte, gilt die Gleichberechtigung der Frau heutzutage insbesondere in akademischen und künstlerischen Milieus. Es ist aber noch ein sehr langer Weg zurückzulegen, bis diese Gesetze in allen Dörfern angekommen sind und Anwendung finden. Erschwert wird die Situation durch Rückschläge, wenn wichtige Errungenschaften durch politische Veränderungen und Unruhen wieder ins Wanken geraten. Die Macht über den Körper und die Selbstbestimmung der Frau sind immer zentrale Themen bei politischen Kämpfen.

Viele Lebensgeschichten sind ähnlich herzzerreißend wie die von Hatun, Morsal, Arzu, Gülsüm oder Kadriye; unerträglich ist das Ausmaß an Gewalt und Leid. In Ehrenmord-Fällen stechen die Grausamkeit, Kaltblütigkeit, Brutalität und Herzlosigkeit der Täter hervor. Es ist unfassbar, wie Väter, Brüder oder andere männliche Familienangehörige scheinbar völlig emotionslos junge Frauen töten. Zu wissen, dass gesellschaftlicher Zwang die Täter unter Druck setzt, macht das Phänomen noch unerträglicher.

Auch wenn Ehrenmorde in den letzten Jahren hierzulande für sehr viel Aufmerksamkeit gesorgt haben, handelt es sich um Fälle, die man nicht einer Kultur, Religion oder Ethnie zuschreiben kann. Gemeinsam sind diesen Fällen die traditionellen und patriarchalen Strukturen in den Familien. Blickt man auf die weltweiten Zahlen, ist man mit einem erschreckenden Phänomen konfrontiert. Es zu bekämpfen, ist besonders schwer, da solche Taten bis heute von vielen Gesellschaften als legitim anerkannt werden. Umfragen unter Studenten in der Türkei sprechen von fast 30 Prozent Zustimmung zu Ehrenmordfällen. Es muss nicht erwähnt werden, dass Studenten in der Regel die Jugend, Moderne und Bildung vertreten. Die Aufrechterhaltung der Sexualmoral, insbesondere die Keuschheit der Frauen, ist in patriarchalischen Gesellschaften eine wichtige Säule des Zusammenlebens. Immer wieder ist die Kontrolle über den Körper der Frau im Zusammenhang mit den Themen Freiheit, Individualität und Unabhängigkeit Thema. Konservative Gesellschaften, die ein traditionelles Familienbild erhalten wollen, bauen ihr System bis heute auf die klassische Rolle der Frau als Ehefrau und Mutter, die für Haushalt und Kindererziehung zuständig ist. Neben diesem Frauenmodell existiert nur noch das andere Extrem, das der Hure, die als Freiwild jedem Mann zur Verfügung steht. Deshalb wird auch mit allen Mitteln am Bild der unberührten, reinen und ehrenhaften Frau festgehalten. In besonders strengen konservativen Kreisen wird auch argumentiert, dass der Mann durch seine Triebe unberechenbar sei. Eine Frau bringe durch ihre weiblichen Reize Unruhe unter die Männer. Deshalb müssten Frauen besonders kontrolliert werden. Das ist auch der Grund, warum »Ehrenmörder« in vielen islamisch regierten Ländern mit relativ milden Strafen davonkommen. Totalitär regierende religiöse Oberhäupter lehnen eine harte Strafe der Täter mit der Begründung ab, das Land würde ohne Sexualmoral sittlich völlig verfallen. Es muss nicht betont werden, dass es auch hier nur darum geht, Frauen unterzuordnen, klein und schwach zu halten.

Auch in modernen westlichen Gesellschaften ist die klassische Rollenverteilung häufig anzutreffen, vor allem dann, wenn Paare Familien gründen und Kinder bekommen. Im Idealfall sind die Partner gleichberechtigt, treffen gemeinsam Entscheidungen und sind auch beide dazu bereit, auf individuelle Freiheiten zu verzichten. Europäische Statistiken zeigen, dass insbesondere Frauen für eine »gesunde Familie« Verluste in ihrer Karriere in Kauf nehmen. Wollen sie nicht auf ihre Karriere verzichten, ist nicht selten Kinderlosigkeit die Konsequenz. Auf diese Tatsache wird häufig von konservativen Migranten hingewiesen, die damit betonen wollen, dass die Rolle der Frauen auch in Europa nicht besser sei als in patriarchalen Gesellschaften. Im Gegenteil, es sei keine Option, kinderlos zu bleiben, und daher auch völlig akzeptabel, dass Frauen sich freiwillig für ein Leben als Mutter und Hausfrau entscheiden würden. Hierbei wird aber völlig außer Acht gelassen, dass europäische Frauen durchschnittlich eine viel höhere Bildung genießen und schon früh frei und unabhängig individuelle Entscheidungen treffen. Dass sie sich später als erwachsene, berufstätige Frauen für eine Familie entscheiden und auf gewisse Privilegien und Freiheiten des Single-Lebens verzichten, ist mit dem Leben der Frauen in Afghanistan, Pakistan oder in arabischen Ländern nicht zu vergleichen. Denn hier bestimmen schon früh andere über die Mädchen, denen gar nichts anderes übrig bleibt, als sich zu fügen, da ihnen die Alternativen fehlen und sie sich weder gesellschaftlich noch gesetzlich gegen das für sie vorgesehene Leben wehren können.

Im Rahmen einer EU-Studie hat die Europäische Grundrechteagentur (FRA) mit Sitz in Wien insgesamt 42 000 Frauen im Alter von 18 bis 74 Jahren aus allen 28 EU-Staaten zu Gewaltthemen befragt. Die im März 2014 veröffentlichten Ergebnisse zeigen, dass jede dritte Frau in Europa Opfer von Gewalt in sexueller, psychischer, körperlicher oder emotionaler Form ist. Die überwiegende Zahl der Übergriffe ereignet sich zu Hause oder im beruflichen Umfeld. Die meisten Betroffenen gehen aus Scham oder Angst nicht zur Polizei. In Gesellschaften, in denen Beziehungsfragen als private Angelegenheiten gelten, trauen sich Frauen nicht, Gewalt, die vom Partner ausgeht, der Familie oder gar der Polizei zu melden. In den Ländern, in denen die Gleichstellung der Frau als wichtig erachtet wird und in denen es viele erwerbstätige Frauen gibt, werden Missstände wesentlich häufiger öffentlich gemacht. Der Umgang der Männer mit Frauen und ihr Verhalten ihnen gegenüber hängt vom Frauenbild der jeweiligen Gesellschaft ab. In Gesellschaften also, in denen die Überlegenheit der Männer als legitim erachtet und die weibliche Unterordnung verherrlicht wird, gehört Gewalt zum Alltag. 2012 wurden in Italien mehr als 120 Frauen getötet (diese Morden werden »Femminicidio« genannt); im selben Jahr waren es in Deutschland 170 Frauen (69 Prozent von ihnen wurden von ihrem Partner oder Ex-Partner getötet). 2013 wurden in der Türkei laut dem Newsportal Bianet mehr als 200 Frauen getötet. Statistisch gesehen passieren in Lateinamerika fast täglich Vergewaltigungen und Morde an Frauen, oder Frauen verschwinden einfach.

2016 wurden laut Kriminalitätsstatistik in Deutschland 149 Frauen von ihrem Ehe- oder Ex-Partner getötet, 208 haben eine versuchte Tötung überlebt. Das bedeutet, dass täglich ein Mann versucht, seine Ehefrau oder ehemalige Partnerin zu töten. Seit Jahren steigt die Zahl der Delikte von »Partnerschaftsgewalt«, wobei die meisten Opfer zwischen 30 und 39 Jahren alt sind. »Dass das Phänomen partnerschaftlicher Gewalt in Deutschland in den letzten Jahren an Bedeutung gewonnen hat, lässt die diesbezüglich in den Straftatenbereichen Mord und Totschlag, Körperverletzungen, Vergewaltigung, sexuelle Nötigung, Bedrohung und Stalking zwischen 2012 und 2016 insgesamt um 10,2 % angestiegene Anzahl erfasster Opfer (2012: 120 758 Personen; 2013: 121 778 Personen; 2014: 126 230 Personen; 2015: 127 457 Personen und 2016: 133 080) vermuten … Weit überwiegend richten sich die Gewalttaten gegen Frauen (2016: 81,9 % weibliche Opfer). Die Anzahl weiblicher Opfer von Partnerschaftsgewalt hat innerhalb von vier Jahren um 8,1 % zugenommen (2012: 100 787 Personen; 2013: 100 766 Personen; 2014: 103 928 Personen; 2015: 104 290 Personen und 2016: 108 956 Personen)« – so steht es in der Zusammenfassung des Berichts Partnerschaftsgewalt 2016 des Bundeskriminalamtes. Seit 2001 haben sich die Fälle von sogenannten Ehrenmorden fast verdreifacht. 2017 wurden 147 Frauen von ihren Männern getötet. 113 000 Frauen haben Partnerschaftsgewalt erfahren. Die größte Gewalt erfahren Frauen in ihrem privaten Umfeld. Für mich ist das ein Signal, dass sich durch ein weltweites Rollback frauenfeindliche Denkstrukturen auch hierzulande wieder verbreiten.

Bei vielen Delikten wird in den Medien von einer Beziehungstat, einer Familientragödie oder einem Eifersuchtsdrama gesprochen. Oder dieser Hintergrund wird gar nicht erwähnt, da die Umstände der Morde nicht spektakulär, grausam oder skandalös genug waren. Für mich unterscheiden sich diese Taten nur unwesentlich von sogenannten Ehrenmorden. Denn auch das Verhalten dieser Männer ist auf ihren Stolz, ihre Wut oder Frustration zurückzuführen. Sie akzeptieren eine Trennung nicht, und da sie gegen die Frau nicht ankommen und ihren eigenen Willen nicht dursetzen können, beenden sie das Leben der Frauen. Da diese Morde kaum in den Medien thematisiert werden, konzentriert sich der Fokus bei Gewalt gegen Frauen auf die sogenannten Ehrenmorde. Damit wird der Öffentlichkeit – so sehe ich es – eine emanzipierte, moderne deutsche Gesellschaft vorgegaukelt, partnerschaftliche Probleme hingegen werden pauschal den Ausländern zugeschrieben. Dabei zeigt jeder einzelne Mord an der Partnerin oder Ex-Partnerin die Denkstruktur im Kopf jedes Täters. Der deutsche Täter handelt zwar nicht im Auftrag seiner Familie oder seines Clans, aber auch ihn stört das Verhalten der Frau. Irgendwoher muss auch er sein traditionelles Frauenbild und seinen Machtanspruch erworben haben. Hätte sich die Frau ihm untergeordnet, hätte sie seinen Willen akzeptiert und sich nicht von ihm getrennt, wäre sie noch am Leben. Das Verhalten des Mannes zeigt die Frustration und Wut über veränderte Geschlechterrollen. Die Gegenreaktion auf Machtverlust drückt sich in der Ausübung von Gewalt aus, im Extremfall in einem Mord. Viele Tötungsdelikte, deren Opfer Frauen sind, sind Trennungstaten, ob nun in Europa oder in der Türkei. Wie auch immer man diese betitelt, der Hintergrund ist die verletzte Ehre des Mannes, seine Wut, seine Eifersucht, seine Unfähigkeit und Schwäche, zu akzeptieren, dass die Frau das Recht auf Selbstbestimmung hat. Fast jede fünfte der vom Bundeskriminalamt registrierten Gewalttaten findet im Rahmen einer Partnerschaft statt.

Jede Form von Diskriminierung der Frau muss beseitigt werden. Das ist das Ziel des internationalen Übereinkommens der Vereinten Nationen zu Frauenrechten (CEDAW: Convention on the Elimination of all forms of Discrimination Against Women). Diese Frauenkonvention wurde durch die Weltfrauenkonferenz in Peking ergänzt und zuletzt durch die Istanbul-Konvention des Europarats zur Verhütung und Bekämpfung von Gewalt gegen Frauen und häuslicher Gewalt erweitert. Hier werden insbesondere die Prävention, der Schutz der Frauen und die Förderung von Frauenrechten betont. Regierungen sollen genauere Daten über Gewalt gegen Frauen registrieren und auswerten, um diese langfristig mit strukturellen Veränderungen zu bekämpfen.

Der Begriff Femizide (Frauenmorde), den es bereits im 19. Jahrhundert gab und der mit der Frauenrechtlerin Diana Russel seit den 1970er-Jahren wieder geläufig wurde, bezeichnet spezifische Morde an Frauen, die sich nicht an traditionelle und soziale Normen halten. Mit diesem Begriff werden der Frauenhass und die Frauenfeindlichkeit betont. Deutlich wird, dass es um ein strukturelles Problem geht. Die Männer töten, weil sie die Kontrolle über die Frauen verlieren. Besonders viele Femizid-Opfer gibt es in Lateinamerika, der Karibik und Spanien zu beklagen. In einigen der Staaten (Bolivien, Brasilien, El Salvador, Nicaragua und Peru) ist der Femizid ein eigener Straftatbestand im Gesetz als besonders schwere Form der Gewalt gegen Frauen. In Argentinien gibt es eine große Kampagne gegen Femizide »#NiUnaMenos« (Nicht eine weniger). In Lateinamerika ist das Gespür für patriarchale Strukturen schärfer ausgeprägt und die Sensibilisierung für Gewalt gegen Frauen stärker. Es soll deutlich gemacht werden, dass Frauenmorde die Zuspitzung patriarchaler Gewalt darstellen und ihnen ein systematischer Kampf angesagt werden muss. Es geht nicht um die Kränkung eines einzelnen Machos, sondern um die Macht der Machokultur als System.

Auch in Deutschland gibt es Initiativen wie #keinemehr, die sich gegen Gewalt an Frauen richten. Hierzulande wird die frauenspezifische Gewalt, wie ich glaube, verharmlost, es sei denn es handelt sich um Migranten oder Ausländer. Das führt auch zu der Annahme, diese Gruppe sei wesentlich gewaltbereiter. Doch weltweite Zahlen zum Thema Gewalt gegen Frauen machen deutlich, dass dies kein speziell islamisches Phänomen ist. Ich sehe den Unterschied auf verschiedenen Ebenen. Viele moderne und liberale Männer definieren sich über ihren Beruf, ihren finanziellen Erfolg oder andere Ämter oder Hobbys, die ihr Selbstbewusstsein stärken. Oder sie sind mit einer von Gleichberechtigung von Frauen und Männern geprägten Erziehung sozialisiert. Sie müssen sich Frauen gegenüber nicht überlegen fühlen, um ein gutes Leben zu führen. Viele moderne Menschen werden aber mit Heirat und Nachwuchs auch traditioneller, da nun plötzlich gesellschaftliche Zwänge ganz andere Erwartungen mit sich bringen. Solange es um Bildung und Ausbildung geht, ist Gleichberechtigung weniger Thema, als es dann bei der Karriere im Beruf oder in der Familienplanung der Fall wird.

Männer ohne oder mit nur unzureichender Bildung, geringen finanziellen Mitteln und einem Leben, das durch den eigenen dörflich strukturierten Clan bzw. von der traditionellen Verwandtschaft bestimmt wird, definieren sich über die Macht, die sie auf ihre Frauen ausüben. Es sind einerseits traditionelle, patriarchale Zustände, die nicht überwunden wurden und genau diese männliche Überlegenheit bestätigen. Gleichzeitig kommt aber auch die individuelle Vorstellung von Familie und Gesellschaft zum Tragen und – hier ganz wichtig – die klassische, traditionelle und dörfliche Rolle der Frau, die sich für das Wohl der Familie opfert. Einem Mord geht oft jahrelanger Streit, Gewalt gegen die Ehefrau oder Tochter und der Kampf um Freiheitsrechte auf Seiten der Frauen voraus. Der Mord ist der letzte Schritt des Mannes, seinen Willen durchzusetzen. Und wenn der gesamte Clan bzw. die Familie hinter dem Täter steht, zeigt der weder Reue noch Einsicht. In seinem eigenen Empfinden hat er das Richtige getan. Die Überzeugungsbildung muss in der Gesellschaft stattfinden. Deshalb müssen wir immer im Dialog mit allen Teilen der Gesellschaft bleiben, so kontrovers die Debatten und Diskussionen auch sind.

Nur in einem offenen und transparenten Streit kann gesellschaftlicher Wandel stattfinden. Wir alle tragen Verantwortung dafür, dass Frauenrechte verteidigt und junge Mädchen gestärkt werden und unsere Demokratie funktioniert. Und wir alle müssen uns weiter für eine offene Gesellschaft einsetzen und ihre Feinde klar bekämpfen. Dabei spielt es keine Rolle, von welcher Seite die Angriffe auf unsere liberale Gesellschaft und die errungenen Frauenrechte kommen. Die Hintergründe jeglicher Form von Gewalt gegen Frauen müssen untersucht werden, um Gegenmaßnahmen einleiten zu können. Wir müssen klar definieren, wie wir als Gesellschaft miteinander leben und moderne Errungenschaften und Freiheiten verteidigen wollen. Heidemarie Grobe, die Leiterin der *Terre des Femmes* Städtegruppe Hamburg, sagte bei einer Diskussion zum Thema sehr treffend: »Mir sind diese Strukturen nicht fremd. Wir haben all diese traditionellen Denkweisen erlebt. Frauen haben hart für die Gleichberechtigung und Freiheit gekämpft. Ich lasse nicht zu, dass Menschen sagen, wir hätten Angst vor fremden Kulturen, Traditionen oder Religionen. Mir sind all diese Dinge nicht fremd. Unsere Müttergeneration hat genau unter dieser Denkweise gelitten und wir noch an den Folgen. Patriarchale Strukturen sind uns nicht fremd. Wir wissen genau, was wir nicht wieder haben wollen, nämlich genau diese traditionellen Rollenzuschreibungen.«

10. DER LANGE WEG

Ein Ausblick

Wie lautet mein Fazit? Wie schaue ich in die Zukunft? Für mich muss an dieser Stelle die Frage beantwortet werden: Wie wollen wir als Gesellschaft in Deutschland zusammenleben?

Hierzulande sind es häufig Menschen mit Migrationsgeschichte und islamischen Wurzeln, die von Zwangsverheiratung bedroht oder betroffen sind. Die Mehrheitsdeutschen haben diese Form der patriarchalen Gewalt an Frauen überwunden. Damit eine vergleichbare Entwicklung auch in Migrantenmilieus stattfindet, müssen wir alle gemeinsam die Diskriminierung und Unterdrückung von Frauen bekämpfen, ohne uns in den Bereichen von Rassismus oder Religionsfeindlichkeit zu bewegen. Zwangsverheiratungen, Kinderehen oder Ehrenmorde sind nur einige von vielen Problemen, die unsere Gesellschaft hat. Sie dürfen nicht überbetont werden, während die alltägliche Gewalt an Frauen und Kindern totgeschwiegen wird. Wenn wir einen ehrlichen Dialog wünschen und zu einer friedlichen, von Vielfalt geprägten Gesellschaft zusammenwachsen wollen, müssen wir auch eine kulturelle Integration vorantreiben. Wir müssen zugewanderten Menschen das Gefühl geben, dass wir nicht in verschiedenen Communitys nebeneinander, sondern in einer bunten Community zusammenleben wollen. Das kann nur funktionieren, wenn wir sachliche Diskussionen führen. Ich habe darzustellen versucht, welche strukturellen Probleme sich hinter der Gewalt an Mädchen und Frauen verbergen. Es ist gut, wenn Betroffene zu Wort kommen und ihre Frustration öffentlich machen. Es ist auch gut, wenn privilegierte Menschen ihre Ängste formulieren. Aber es ist nicht gut, wenn diese Diskussionen nur emotional geführt werden.

Zwangsverheiratungen sind gesellschaftliche Probleme. Lösungen für diese Probleme können nur in der Veränderung der Gesellschaft und ihrer Struktur gefunden werden. So paradox es klingt: Die Eltern glauben, ihren Kindern etwas Gutes zu tun, wenn sie sie früh verheiraten. Sie zwingen ihren Nachwuchs zu ihrem vermeintlichen Glück. Die Eltern glauben, dass die Kinder zu unvernünftig und unreif sind, um zu verstehen, wie die Gesellschaft funktioniert; sie sind überzeugt, aus Verantwortung und Verpflichtung für ihre Kinder zu handeln. So denken die Eltern und setzen alles daran, dass solche Ehen zustande kommen und möglichst ewig halten. Das ist ihr Verständnis von Familie und Glück! Alles andere sehen sie als Zerrüttung, Verlust, Verfall und Schande mit Gesichtsverlust an.

Berichte oder Reportagen über Zwangsverheiratung, Ehrenmord oder Kinderehen sind nicht nur Berichte über Skandale, es sind vor allem Zeugnisse trauriger Schicksale, individuelle Geschichten von der Hilflosigkeit, Schwäche und Wut der betroffenen Familien, die fern von Bildung, Aufklärung und humanistischen Werten leben oder unsere Form des Zusammenlebens ablehnen. Es ist traurig, dass viele Konsumenten solcher Nachrichten nach der Befriedigung ihrer Sensationsgier am eigentlichen Thema nicht mehr interessiert sind – das Thema ist Gewalt gegen Mädchen und Frauen und die Ablehnung einer freien Gesellschaft. Wir dürfen uns nicht in Diskussionen verlieren, in denen wir über die Herkunftsländer und die dortigen Verhältnisse streiten. Wir müssen klar formulieren, wie wir uns hier ein Miteinander vorstellen.

Über 23 Prozent der Menschen in Deutschland haben eine Migrationsgeschichte, das sind über 19 Millionen Personen. Davon sind mehr als die Hälfte deutsche Staatsbürger. Etwa ein Drittel der Migranten stammt aus der EU, ein weiteres Drittel aus anderen europäischen Ländern. Bei der Berichterstattung einiger Medien bekommen wir das Gefühl, dass alle Migranten aus streng islamischen und konservativen Ländern kommen. In Großstädten ist die Migration konzentrierter. Etwa ein Drittel der Menschen hat hier eine Migrationsgeschichte, bei den Kindern unter sieben Jahren sind es teilweise fast 50 Prozent. Etwa 15 Prozent der Migranten sind türkeistämmig, das sind fast drei Millionen Menschen, darunter auch viele Kurden und Armenier. Etwas mehr als zwei Millionen Menschen sind aus dem Nahen und Mittleren Osten zugewandert. Wir reden von etwa vier bis fünf Millionen Muslimen insgesamt, wobei hier die verschiedensten Ausprägungen der Religion vertreten sind.

Ich habe diese Zahlen genannt, um zu zeigen, über welche Dimensionen wir sprechen und welche Herausforderungen Zuwanderung mit sich bringt. Zur Integration gehören zwei Seiten: die Migranten, die zu uns kommen, sich integrieren und damit ein Teil der Gesellschaft werden, und die Mehrheitsgesellschaft, die sich für Vielfalt öffnet und zeigt, welche Art des Zusammenlebens Usus ist. Der Blick aller Menschen muss angesichts solcher Themen geschärft werden, auch wenn sie selbst nicht direkt betroffen sind.

Schon in den Kindergärten müssen wir Aufklärungsarbeit leisten, in der Schule müssen wir sensibilisieren, und im Alltag müssen wir verschiedene Lebensmodelle vorleben und die

Freiheit des Individuums propagieren. Traditionelle Väter, Ehemänner und Söhne werden – jedenfalls in der Mehrheit – nicht von sich aus auf Privilegien verzichten, die sie gewohnt sind. Ich vergleiche sie mit Superreichen, die alles dafür tun, um ihr Geld sicher aufzubewahren, auch wenn sie dafür lügen und betrügen müssen. Es geht um Machtansprüche und Überlegenheit. Im Kampf für Geschlechtergerechtigkeit müssen wir viele Verbündete gewinnen, auch Institutionen, Geldgeber, Stiftungen, Vereine, Migrantenorganisationen, Behörden und möglichst viele selbstbewusste, faire Männer, die uns Frauen auf Augenhöhe begegnen wollen. Und wir müssen unsere Töchter und Söhne zu selbstbestimmten Persönlichkeiten und respektvollen Menschen erziehen. An dieser Stelle möchte ich auf das 80-seitige Büchlein von Chimamanda Ngozi Adichie hinweisen. Sie hat ihrer Freundin Ijeawele einen Brief mit 15 Vorschlägen geschickt, als diese sie bei der Geburt ihrer Tochter um Rat gebeten hat. »Liebe Ijeawele … wie unsere Töchter selbstbestimmte Frauen werden« ist für mich eine Liebeserklärung an das Mensch-Sein. Dieser Brief einer schwarzen Frau aus Nigeria zeigt mir, dass humanistische Werte und der Kampf um die Rechte und Freiheiten von Frauen universell sind, unabhängig von Ethnie, Sprache und Religion.

Migration ist etwas, das Entbehrung mit sich bringt, Sehnsucht und Heimatlosigkeit. Migranten kommen aus Familien, die ihre ursprüngliche Heimat verlassen haben, in der neuen Heimat eine neue Sprache lernen und sich an neue Gegebenheiten anpassen müssen. Sie müssen viele Verpflichtungen eingehen, die unsere Vorstellungskraft übersteigen: Geldüberweisungen an Verwandte, Geschenke und Mitbringsel, wenn man in die Heimat fährt. Und immer wieder meldet sich das schlechte Gewissen, da die Menschen in der Heimat unter viel schlechteren Lebensbedingungen existieren. Viele Migranten klammern sich an ihre Traditionen, da sie glauben, sie seien das Wichtigste und Wertvollste, was sie haben. Und manchmal sind sie sogar das Einzige, was ihnen im Leben geblieben ist – ein Faktum, das im gesellschaftlichen Miteinander nicht vergessen werden darf. Auch wenn die Zeit der »Gastarbeiter« aus der Türkei schon lange vorbei ist und inzwischen Menschen aus anderen Regionen der Welt aufgrund von Krieg und Vertreibung nach Deutschland einwandern, sind die Herausforderungen vergleichbar. Das Zusammenstoßen von unterschiedlichen Menschen und ihren Denkweisen beinhaltet auch verschiedene Konflikte, die verhandelt werden müssen.

Ich habe zu zeigen versucht, dass traditionelle autoritäre und patriarchale Familienstrukturen Unterdrückung und Gewalt zulassen, die durch eine konservative und willkürliche Auslegung des Islam legitimiert werden. Je nach Auslegung dürfen Frauen inzwischen in Saudi-Arabien Auto fahren, während sie sich in Iran verschleiern müssen oder in Afghanistan nicht allein auf die Straße dürfen. In den Maghreb-Ländern findet man unterschiedliche Verfassungen, Familien- und Strafgesetze. Das zeigt, dass auch im Islam ein Meinungspluralismus möglich ist, so denn der Wille der Mächtigen und Regierenden dafür vorhanden ist. Wir sollten die liberalen und offenen Strömungen weltweit und vor allem hierzulande unterstützen und gleichzeitig die Zusammenarbeit mit konservativen Vertretern klar ablehnen. Zur Erinnerung: Auch die katholische Kirche hatte in den vergangenen Jahrhunderten Angst, dass die Gesellschaft untergeht, wenn Frauen Rechte und Freiheiten bekommen. Und in streng katholischen Ländern wie Polen sehen wir auch heute Rückwärtstrends, wie z. B. das Verbot von Schwangerschaftsabbrüchen.

Bildung, Wissen um die eigenen Rechte, Empowerment und Alternativen, in der Gesellschaft einen Platz zu bekommen – all das stärkt Frauen dabei, für ihre Wünsche und Ziele zu kämpfen. Das ist meine Motivation, warum ich seit über 20 Jahren haupt- und ehrenamtlich in Integrationsprojekten tätig bin. Jeder einzelne Schwimm-, Fahrrad- oder Deutschkurs gibt einer Frau neue Instrumente für ein freies und selbstbestimmtes Leben. Wir müssen den Mädchen vorleben, dass sie alles machen können, dass sie geschlechtsspezifische Zuschreibungen oder Verbote nicht akzeptieren müssen, und wir müssen immer wieder betonen, dass sie per Gesetz gleichberechtigt sind.

In Zeiten von Globalisierung und Migrationsbewegung und auch einer ungebremsten Informationsflut ist es nicht einfach, Menschen für eine gute Sache zu gewinnen und nicht zugleich auf die Ideologien und Argumente von Extremisten hereinzufallen. Mir ist es zum Beispiel suspekt, wenn Islamisten sich zum einen für die Religionsfreiheit, zum anderen aber für das Kinderkopftuch einsetzen oder ausgerechnet Rechtsextreme die muslimische Frau aus ihrer traditionellen Rolle befreien wollen. Was wir brauchen, sind ehrliche Statements von Menschen, die die Demokratie und Gleichberechtigung von Frauen und Männern vorantreiben, nicht Gruppierungen, die totalitäre und dogmatische Ideen vertreten und als Wolf im Schafspelz agieren. In Familien, die Geschlechterrollen traditionell-patriarchal definieren und eine veraltete, Frauen benachteiligende bzw. Männern unterordnende Vorstellung von Ehre haben, sind Frauen und Mädchen einem extremen Druck ausgeliefert. Häufig haben sie die traditionellen Konzepte von Ehre verinnerlicht oder wagen es nicht, sich dagegen zu wehren. Nur wenn wir die Strukturen solcher Familienclans und die Hintergründe für ihr Verhalten kennen, können wir die Frauen darin unterstützen, sich schrittweise von den Benachteiligungen, Bevormundungen und Vorschriften der Familie zu befreien. Dies muss in erster Linie über

Bildung, Aufklärung und eine klare Aussage über unser Frauenbild in der Öffentlichkeit geschehen. Auch in der Rechtsprechung muss sich die Gleichberechtigung von Frauen und Männern in der Verfolgung und Verurteilung von Gewaltdelikten niederschlagen.

Bei aller Förderung von Mädchen und Frauen dürfen wir aber auch die Gruppe der jungen Männer nicht aus den Augen lassen. Auch sie braucht viel Unterstützung und Aufmerksamkeit. Es ist nachgewiesen, dass insbesondere frustrierte, erfolglose und isolierte junge Männer empfänglich für Extremismus und Gewalt sind. Hier wird ein Ersatz für die schönen Dinge im Leben gesucht, die diesen Menschen fehlen. Aufgabe der gesamten Gesellschaft ist es, alle jungen Menschen für sich zu gewinnen und sozial wie beruflich zu integrieren. Prävention ist ein wichtiges Thema und muss sowohl auf Bundes- als auch Landesebene gefördert werden.

In jeglicher gesellschaftlichen Diskussion um Frauenrechte müssen wir unsere im Grundgesetz festgeschriebenen Rechte verteidigen. Sie stehen über religiösen Befindlichkeiten und familiären Verpflichtungen. Und sie sind die Garantie für unsere Freiheitsrechte. Dazu gehört auch das Recht der sexuellen Selbstbestimmung. Nur wenn Mädchen früh lernen, dass ihr Körper ihnen und nicht der Familie, den Eltern oder dem Ehemann gehört, können sie als Frauen eine gesunde Beziehung zu sich selbst aufbauen und selbstbewusst durchs Leben gehen. Wenn sie jedoch damit aufwachsen, ihre Sexualität mit Scham, Schande, Sünde oder etwas Bösem in Verbindung zu bringen, wenn sie ihren Körper als Provokation für den Mann sehen, haben sie keine Chance auf persönliche Freiheit, da sie sich in ihrer Haut nie wohl fühlen werden. Auch hier möchte ich betonen, dass es mir nicht darum geht, dass wir unsere Töchter nicht schützen sollen. Selbstverständlich haben wir eine Verantwortung dafür, dass unsere Töchter gesund erwachsen werden. Aber wir dürfen sie nicht mit einem Jungfräulichkeitswahn bis zur Ehe erziehen. Irgendwann kommt der Zeitpunkt, an dem sie selbst für sich und ihren Körper und ihre Sexualität verantwortlich sind, und diese Verantwortung müssen wir zulassen und uns zurückziehen. Eine Doppelmoral, die jungen Männern die Narrenfreiheit zubilligt, sich vor der Ehe auszutoben, während junge Frauen als unberührte und schüchterne Persönchen warten sollen, bis ein Mann um ihre Hand anhält, ist absolut nicht mehr zeitgemäß und beschneidet Frauen in ihrer persönlichen Freiheit.

Der Anspruch, den Körper der Frau zu kontrollieren, über ihre Jungfräulichkeit zu wachen, sie ins Haus zu verbannen und jegliche Entscheidung nur mit einem männlichen Vormund zu treffen, zeigt eine erschreckende Frauenfeindlichkeit, die wir in vielen streng islamisch regierten Ländern beobachten. Wir müssen noch einen langen Weg gehen, um zu erreichen, dass die Denkweise verschwindet, Frauen seien unberechenbar und sexuell unersättlich, wenn man sie frei ließe. Auf diesem Weg brauchen wir mutige, furchtlose und unerschrockene Frauen. Die arabische Revolution hat gezeigt, wie gerade dem Kampf um Freiheitsrechte auch mit der Einschüchterung demonstrierender Frauen durch sexuelle Gewalt begegnet wurde. »Der Kampf um den Körper der Frau kann nur durch eine Revolution des Geistes gewonnen werden«, sagt Mona Etahawy, eine amerikanische Journalisten mit ägyptischen Wurzeln. Diese Revolution kann nicht von außen einer Gesellschaft übergestülpt werden. Sie muss aus der Gesellschaft heraus entstehen und mit guten Rahmenbedingungen flächendeckend und länderübergreifend verbreitet werden. Mit dem Friedensnobelpreis 2018 wurden zwei Aktivisten gegen sexuelle Gewalt an Frauen geehrt.

Auch damit wurde ein Zeichen gesetzt, wie wichtig dieses Thema heutzutage immer noch ist.

Zurück zu den Herausforderungen vor unserer Haustür: In verschiedenen Migrantenmilieus hierzulande sind zwar patriarchale und traditionelle Strukturen vorhanden, das bedeutet aber nicht, dass es bei Konflikten sofort zu einem Ehrenmord kommt. Auch in diesen Gesellschaften existieren verschiedene Wege und Möglichkeiten, den Frieden und die Stabilität der gesellschaftlichen Strukturen zu erhalten und gleichzeitig Entwicklungen voranzutreiben. Wir dürfen nicht vergessen, dass es leider auch viele Frauen gibt, die diese Bräuche und Traditionen, sei es aus Faulheit, Bequemlichkeit oder Unwissenheit, mit aufrechterhalten. Nicht wenige Frauen habe ich kennengelernt, die sich gegen ihren eigentlichen Willen mit der Rolle als Ehefrau und Mutter abgefunden haben und ihre Situation nicht mehr verändern wollen. Das Neue, Ungewohnte und Ungewisse bereitet ihnen Angst. Sie ertragen lieber das, was sie kennen, und beklagen sich jeden Tag aufs Neue. Auch diese Frauen müssen wir zu erreichen versuchen und deutlich machen, dass sie mitverantwortlich sind für das Schicksal ihrer Töchter und es nicht ausreicht, die Schuld allein dem strengen Vater zuzuschieben.

Der Großteil der Migranten in Deutschland führt ein »normales« Leben, das sich kaum von demjenigen anderer Deutscher ohne Migrationsgeschichte unterscheidet. Das Miteinander bedarf einer Zuwanderungspolitik, die Grenzen setzt und Chancen bietet. Wir können Migrationsbewegungen nicht rückgängig machen, wir brauchen aber Konzepte für ein gutes Zusammenleben, zumal wir hierzulande aus demografischen Gründen eine Zuwanderung auch weiterhin benötigen.

Wir dürfen die früheren Versäumnisse der Integrationspolitik nicht wiederholen. Wir brauchen den Willen und innovative Ideen für die Gestaltung einer modernen, multikulturellen, freien und offenen Gesellschaft. Die Pflicht, Errungenschaften und Erfolge der Frauenbewegung gemeinsam zu verteidigen, und das Recht aller Beteiligten, ein Teil des Ganzen zu werden, sollten unsere gemeinsamen Ziele sein. Wir haben eine Expertise über die rechtliche Stellung von Frauen in verschiedenen Ländern der Welt und wissen um die Bevormundung durch Männer. Jegliche Unterwanderung unseres freiheitlichen Systems müssen wir verhindern. Der Grundsatz der Gleichberechtigung darf keinem anderen Artikel des Grundgesetzes untergeordnet werden. Ich bin überzeugt, dass Demokratie und Frieden nur mit Frauenrechten funktionieren.

Literatur

Abidar, Loubna/van Renterghem, Marion, Alle Frauen sind Huren. Mein Kampf gegen die Verlogenheit in der arabischen Welt, mvg Verlag 2016

Abdel-Samad, Hamed, Integration. Ein Protokoll des Scheiterns, Droemer 2018

Adak, Hülya/Altınay, Ayşe Gül/Bayraktar, Nilgün/Düzel, Esin, So ist das, meine Schöne. Türkische Frauen erzählen von Frausein, Begehren und Liebe, Orlanda 2009

Ateş, Seyran, Große Reise ins Feuer. Die Geschichte einer deutschen Türkin, Rowohlt 2003

Ateş, Seyran, Der Islam braucht eine sexuelle Revolution. Eine Streitschrift, Ullstein 2009

Ateş, Seyran, Selam, Frau Imamin. Wie ich in Berlin eine liberale Moschee gründete, Ullstein 2017

Bağlı, Mazhar/Özensel, Ertan, Türkiye'de töre ve namus cinayetleri, Destek 2011

Baumgartner-Karabak, Andrea/Landesberger, Gisela, Die verkauften Bräute. Türkische Frauen zwischen Kreuzberg und Anatolien, Rowohlt 1978

Beutler, Kurt, Ehrenmorde vor unserer Haustür, Brunnen 2016

Bundesministerium für Familie, Senioren, Frauen und Jugend, Zwangsverheiratung in Deutschland – Anzahl und Analyse von Beratungsfällen, Nomos 2007

Çakir-Ceylan, Esma, Gewalt im Namen der Ehre. Eine Untersuchung über Gewalttaten in Deutschland und in der Türkei unter besonderer Betrachtung der Rechtsentwicklung in der Türkei, Peter Lang 2011

Çileli, Serap, Eure Ehre – unser Leid, Blanvalet 2008

Cöster, Anna Caroline, Ehrenmord in Deutschland, Tectum 2009

Deiß, Matthias/Goll, Jo, Ehrenmord. Ein deutsches Schicksal, Hoffmann und Campe 2011

Ebadi, Shirin, Mein Iran. Ein Leben zwischen Hoffnung und Revolution, Blanvalet 2007

Ebert-Behr, Gudrun, Ayşe. Vom Leben einer Türkin in Deutschland, Gerhardt 1980

Eltahawy, Mona, Warum hasst ihr uns so? Für die sexuelle Revolution der Frau in der islamischen Welt, Piper 2015

Esposito, John L., Von Kopftuch bis Scharia. Was man über den Islam wissen sollte, Reclam 2004

Filter, Dagmar/Reich, Jana/Fuchs, Eva (Hrsg.), Arabischer Frühling? Alte und neue Geschlechterpolitiken in einer Region im Umbruch, Centaurus 2013

Hosseini, Khaled, Tausend strahlende Sonnen, Fischer 2014

Kelek, Necla, Die fremde Braut. Ein Bericht aus dem Inneren des türkischen Lebens in Deutschland, Kiepenheuer & Witsch 2005

Kelek, Necla, Die verlorenen Söhne. Plädoyer für die Befreiung des türkisch-muslimischen Mannes, Goldmann 2007

Klöckner, Julia, Nicht verhandelbar. Integration nur mit Frauenrechten, Gütersloher Verlagshaus, 2018

Körber-Stiftung (Hrsg.), Argumente zum deutschtürkischen Dialog Nr. 8.: Geschlecht und Recht, Hamburg 2003

Korkmaz, Aylin, Ich schrie um mein Leben. Ehrenmord mitten in Deutschland, Fackelträger 2010

Kroth, Isabella, Halbmondwahrheiten. Türkische Männer in Deutschland – Innenansichten einer geschlossenen Gesellschaft, Diederichs 2010

Obinger, Şengül, Löwinnenherz. Wie ich mir meine Freiheit erkämpfte und dabei fast das Leben verlor, Herder 2011

Rohe, Mathias, Das islamische Recht. Geschichte und Gegenwart, C. H. Beck 2013

Scheinhardt, Saliha, Träne für Träne werde ich heimzahlen. Kindheit in Anatolien, Rowohlt 1992

Schmitz, Lilo, Frauen und Sexualität in der Türkei. Rollenwandel und Sexualmoral in der ländlichen und städtischen Türkei heute, Haag + Herchen 1985

Shafak, Elif, Ehre, Kein & Aber 2014

Slimani, Leïla, Sex und Lügen. Gespräche mit Frauen aus der islamischen Welt. Random House 2018

Stienen, Inga, Leben zwischen zwei Welten. Türkische Frauen in Deutschland, Quadriga 1994

Tekkal, Düzen, Deutschland ist bedroht. Warum wir unsere Werte jetzt verteidigen müssen, Berlin Verlag 2016

Wagner, Joachim, Richter ohne Gesetz. Islamische Paralleljustiz gefährdet unseren Rechtsstaat, Econ 2011

Welser, Maria von, Wo Frauen nichts wert sind. Vom weltweiten Terror gegen Mädchen und Frauen, Ludwig 2014

Y., Inci, Erstickt an euren Lügen. Eine Türkin in Deutschland erzählt, Piper 2005

Yazgan, Ayfer, Morde ohne Ehre. Der Ehrenmord in der modernen Türkei. Erklärungsansätze und Gegenstrategien, transcript 2011

Yücelen, Yüksel (Hrsg.), Was sagt der Koran dazu? dtv 2001

Broschüren/Studien

Bundesministerium für Familie, Senioren, Frauen und Jugend, Zwangsheirat bekämpfen – Betroffene wirksam schützen. Eine Handreichung für die Kinder- und Jugendhilfe, Berlin 2008

Bundesweiter Koordinierungskreis gegen Frauenhandel und Gewalt an Frauen im Migrationsprozess – KOK e.V., Expertise zum Thema Zwangsverheiratung, Berlin 2011

Deutsches Institut für Menschenrechte (Hrsg.), Zwangsheirat und multikulturelle Gesellschaft, ein Essay von Heiner Bielefeldt, Berlin 2005

Terre Des Femmes e.V. (Hrsg.), Studie: Ehrenmord, Tübingen 2005

Terre Des Femmes e.V. (Hrsg.), Zwangsheirat. Lebenslänglich für die Ehre, Tübingen 2006

Terre Des Femmes e.V. (Hrsg.), Studie: Traditionsbedingte Gewalt an Frauen im Nahen und Mittleren Osten, Tübingen 2008

Terre Des Femmes e.V. (Hrsg.), STOP harmful traditional practices – Patriarchale Gewalt verhindern, Berlin 2017